LES INDICATEURS DU DEVELOPPEMENT HUMAIN POUR UNE BONNE GOUVERNANCE

DE L'IDH : INDICATEUR DU DÉVELOPPEMENT HUMAIN A L'IDHD : INDICATEUR DU DÉVELOPPEMENT HUMAIN DURABLE

Fidèle à sa volonté de maintenir vivant l'ensemble du catalogue et de continuer à rendre accessible à tous la richesse de son contenu, Les marques du groupe L'Harmattan proposent les ouvrages, même s'ils sont épuisés dans leur premier tirage, et les impriment à la demande.
Au vu de l'ancienneté de ce titre, un exemplaire original a été numérisé pour être réimprimé, ce qui pourrait altérer légèrement la qualité de certains passages.

5-7, rue de l'École-Polytechnique ; 75005 Paris

http://www.librairieharmattan.com
diffusion.harmattan@wanadoo.fr
harmattan1@wanadoo.fr

ISBN : 978-2-296-04127-1
EAN : 9782296041271

ABOUBACAR YENIKOYE ISMAEL

LES INDICATEURS DU DEVELOPPEMENT HUMAIN POUR UNE BONNE GOUVERNANCE

De l'IDH : Indicateur du Développement Humain

A L'IDHD : Indicateur du Développement Humain Durable

L'Harmattan

SOMMAIRE

1

DEVELOPPEMENT HUMAIN
ET
DEVELOPPEMENT HUMAIN DURABLE

Avant-Propos

Qu'est ce que le développement humain?

Qu'est ce que le développement humain durable?

L'IDH : indicateur du développement humain, mesure-t-il le développement humain ou seulement quelques aspects économiques et sociaux du développement ?

L'écart de développement entre le Nord et le Sud, illustré par la mesure comparative de l'IDH, rend-il véritablement compte d'un écart du développement humain, ou renvoie-t-il à certains aspects spécifiques du développement humain?

La mesure du développement humain dans sa complexité et sa globalité est-elle possible d'un point de vue scientifique ?

Comment mesurer le développement humain dans ses aspects économiques, politiques, culturels et sociaux ?

En tous les cas, peut-on se satisfaire d'un IDH dont la capacité à rendre compte du développement humain conçu comme un tout - politique, économique, social, humain est largement discutable ?

Depuis l'élaboration du rapport mondial en1990 sur le Développement Humain, introduisant la mesure de l'indicateur du développement humain, ces questions et bien d'autres, sans cesse formulées ont conduit le PNUD à engager d'importants efforts en vue d'améliorer la mesure du développement humain.

A ce jour cependant, des dimensions du développement humain aussi essentielles que les libertés, la participation, la justice, la sécurité, l'environnement etc, demeurent exclues de la mesure du développement humain et rendent nécessaire l'élaboration d'un instrument apte à quantifier l'ensemble des domaines : politique, économique, social et culturel du développe-ment humain.

Le présent ouvrage tente d'ouvrir une fenêtre sur cette importante problématique, pour participer à cet exercice à la fois difficile et périlleux, mais si indispensable pour une appréhension plus complète et exhaustive du développement humain.

DEVELOPPEMENT HUMAIN ET DEVELOPPEMENT HUMAIN DURABLE

Pour le Programme des Nations Unies pour le Développement: PNUD l'objectif principal du développement humain consiste à « élargir la gamme des choix offerts à la population qui permettent de rendre le développement plus démocratique et plus participatif. Ces choix doivent comprendre des possibilités d'accéder au revenu et à l'emploi, à l'éducation et aux soins de santé, et à un environnement propre et ne présentant pas de danger. L'individu doit également avoir la possibilité de participer pleinement aux décisions de la communauté et jouir des libertés humaines , économiques et politiques » 1991 p 1.

Ainsi défini, le développement renvoie à la possibilité offerte à l'homme d'accéder à des conditions d'existence prenant en compte plusieurs dimensions:

-politiques, par la participation, l'exercice des libertés, l'accès à la justice et l'équité, la garantie de sécurité;

-économiques, par l'amélioration des conditions matérielles, financières d'existence;

-sociales, par l'accès à l'éducation, l'emploi, la santé, la propriété etc,

-environnementales, culturelles, etc.

Le développement est donc conçu par le PNUD comme un tout, qui ne saurait se limiter au seul domaine politique, économique, culturel ou social pris isolément.

Pour la Banque Mondiale, (rapport 1991), le développement humain correspond à (l'amélioration de la qualité de la vie, surtout dans les pays pauvres du monde, une meilleure qualité de la vie suppose généralement une amélioration du revenu; mais ce n'est pas tout et il s'en faut de beaucoup. Cela comprend aussi, comme autant de fins en soi, un niveau plus élevé d'instruction ,de santé et de nutrition, moins de pauvreté, un environnement plus propre, une plus grande égalité de chances, davantage de libertés individuelles , et une vie culturelle plus riche) p 4.

Ainsi qu'on le voit, le PNUD et la Banque Mondiale se rejoignent dans la définition qu'ils proposent du développement humain.

A propos des pays en développement, la Banque Mondiale suggérait en 1991 quatre mesures susceptibles d'améliorer la situation du développement humain :

-investir dans la personne humaine ,en mettant l'accent sur l'enseignement primaire, les soins de santé de base, le planning familial;

-créer un climat sécurisant pour l'entreprise;

-ouvrir les économies aux échanges et aux investissements internationaux;

-assainir la politique macro économique 1991 p 13.

Le rapport de conclure : « la meilleure chance qui s'offre à nous de relever le défi du développement humain, c'est de mettre en œuvre des stratégies dans le cadre desquelles, loin de se substituer à eux, les gouvernements favorisent au contraire le fonctionnement de marchés compétitifs ».

Cette analyse on le sait, ne fait pas l'unanimité. Dans un rapport élaboré en 1990 sur le développement humain, le PNUD, définit le développement humain comme « le processus d'amplification des choix de l'individu ». Il insiste également sur la formation des capacités humaines en investissant dans les populations , et sur l'utilisation des capacités ,en instaurant un cadre participatif, en vue d'une croissance du revenu et de l'emploi.

Analysant la problématique du développement dans les pays sous développés, le PNUD en vient en 1990 à cinq conclusions essentielles :

-Il est inexact de considérer que le processus du développement s'est soldé par un échec dans la plupart des pays en développement au cours des trente dernières années.

-Il est faux de considérer que la croissance économique n'est pas nécessaire pour le développement humain.

-Il est erroné en théorie et en pratique de considérer l'allègement de la pauvreté comme un objectif distinct du développement humain.

-Il est erroné de s'en remettre entièrement aux forces du marché pour assurer un développement humain et une croissance économique équilibrée.

-Il est faux de considérer que les pays en dévelop-pement ne disposent pas de ressources suffisantes pour réaliser leurs objectifs de développement humain. L'institution des Nations Unies souligne qu'il est possible d'équilibrer le budget des pays en développement sans déséquilibrer la vie de la population.

Ainsi donc, si les deux organismes, PNUD et Banque Mondiale, s'accordent autour d'une définition consensuelle du développement humain, de manière générale, des divergences apparaissent sur les voies et moyens susceptibles de permettre l'amélioration du développe-ment humain dans les pays en voie de développement.

Alors que la Banque Mondiale met l'accent sur le fonctionnement de marchés compétitifs, comme moteur du développement humain, le PNUD , tout en soulignant le rôle du marché, préconise (rapport 1991 p 13),"un développement de la population par la population et pour la population conçu en ces termes :

-**Développement de la population :** toute société doit investir dans l'éducation, la santé, la nutrition et le bien être social de sa population, afin que celle ci soit en mesure de jouer pleinement le rôle qui est le sien dans la vie économique, politique est sociale. Compte tenu de l'insistance actuelle sur le marché et sur le progrès technologique, le développement des gens jouera un rôle de plus en plus essentiel pour assurer le succès économique du pays.

-**Développement par la population :** au moyen de structures appropriées de prise de décision, le peuple doit participer pleinement à la planification et à l'application des stratégies de développement. Ces stratégies doivent créer suffisamment de possibilités pour assurer la crois-sance du revenu et de l'emploi, de façon à ce que les aptitudes humaines soient adéquatement utilisées et à ce que la créativité humaine puisse s'exprimer pleinement.

-**Développement pour la population :** le développement doit répondre aux besoins de tous et offrir des chances à tous. Ce n'est qu'à ces conditions qu'il sera véritablement axé sur l'aspect humain".

L'on s'accorde à reconnaître qu'une telle démarche est de nature à générer la croissance économique sans laquelle aucune amélioration durable du bien être humain n'est possible. En effet, "si la croissance économique est une condition nécessaire au développement humain, elle ne suffit pas. Les taux de croissance économique élevée ne se traduisent pas automatiquement en niveau de développement humain élevé. De même que la croissance économique est nécessaire au développement humain, le développe-ment humain est essentiel à la croissance économique".

Une telle relation induit la notion de développement humain durable qui recherche l'équité au sein d'une même génération et entre les générations successives. Ainsi selon le PNUD, chacun aujourd'hui comme demain, doit pouvoir exploiter au mieux, le potentiel dont il a hérité... Le développement humain durable, nous fait l'obligation de faire au moins aussi bien pour les générations qui nous succèderont que ce que nos prédécesseurs ont fait pour nous (PNUD).

Au total, si le développement humain vise non pas seulement la croissance économique mais également bien être social, la liberté, la justice, la sécurité, la participation, pour tous, le développement humain durable, vise la durabilité, la pérennité du développement humain, conçu comme un tout .

2

LA MESURE DU DEVELOPPEMENT HUMAIN : DU PNB / HABITANT A L'INDICATEUR DU DEVELOPPEMENT HUMAIN

2

LA MESURE DU DEVELOPPEMENT HUMAIN : DU PNB / HABITANT A L'INDICATEUR DU DEVELOPPEMENT HUMAIN

LA MESURE DU DEVELOPPEMENT HUMAIN : DU PNB / H, A l'INDICATEUR DU DEVELOPPEMENT HUMAIN.

Pour classer différentes économies, la Banque Mondiale recourt au produit national brut par habitant, ou PNB/ H. On obtient ainsi, souligne l'institution, "une répartition approximative des pays selon leur stade de développement économique".

En 1991, la Banque Mondiale va distinguer :

-41 économies à faible revenu : PNB / H égal ou inférieur à 580 dollars en 1989

-58 économies à revenu intermédiaire : PNB / H compris entre 581 ET 5999 dollars en 1989;

-25 économies à revenu élevé : PNB / H égal ou supérieur à 6000 dollars en 1989.

Qu'est ce que le Produit national brut ?

C'est « le produit intérieur brut -total de la production de biens et services destinés à une utilisation finale et réalisée par des agents économiques résidents et non résidents- majoré du revenu net des facteurs provenant de l'étranger au titre des services facteurs -main d'œuvre et capital- et minoré des versements de même nature destinés aux résidents contribuant à l'économie intérieure ».

Le classement des Etats, en fonction du seul revenu par habitant, demeure donc essentiellement redevable de facteurs économiques, d'où la nécessité, d'un indicateur prenant en compte plusieurs dimensions du développe-ment humain.

C'est ainsi qu'en 1990, le Rapport Mondial du PNUD sur le Développement Humain, propose l'IDH, qui va combiner le revenu national et deux indicateurs sociaux : l'alphabétisation des adultes et l'espérance de vie, pour mesurer le développement humain.

Depuis, l'IDH a connu bien de modifications, tant dans l'approche théorique que mathématique. Ainsi, dès 1991, le rapport PNUD sur le développement humain va combiner, dans la mesure du niveau d'instruction, l'alphabétisation des adultes et la moyenne d'années de scolarité.

Sur le plan de l'analyse mathématique, le rapport 1991 souligne:"l 'effet progressivement décroissant sur le développement humain de l'augmentation des revenus est maintenant mieux reflété , en affectant un coefficient de pondération décroissant au revenu au delà du seuil de pauvreté et non plus une pondération nulle, cette pondération s'étant avérée excessive ,en particulier dans les cas des sociétés à revenus élevés "1991 p 15.

De telles modifications dans la démarche théorique et mathématique vont subséquemment introduire des modifications dans les rangs, occupés par divers pays. Ainsi le Japon, s'il est classé au premier rang des pays du monde y compris les pays industrialisés, dans les rapports PNUD 1990 ou 1991, va très vite être " rétrogradé "(rapport 1994) au troisième rang au profit du Canada et de la Suisse respectivement premier et deuxième, pour être enfin relégué (2001) à la neuvième (9) place après la Norvège, l'Australie, le Canada, la Suède, la Belgique, les Etats Unis, l'Islande, et les Pays -Bas.

Déjà, en 1991, le rapport PNUD avait averti, concernant les changements à venir, dans le classement des différents Etats: "Depuis la publication du rapport de 1990, 13 pays ont subi des modifications de classement de neuf places ou plus. Ceci ne provient pas de changements spectaculaires au plan des performances en l'espace d'un an, mais d'un affinement et d'une sensibilité accrue de l 'IDH, et d'une disponibilité supérieure des données... L'affinement progressif de l'indicateur du développement humain s'inscrit dans le cadre de la recherche d'un indicateur amélioré, permettant de mesurer le progrès socio-économique ." p 15.

Toute la question est de savoir si un tel affinement est essentiellement et exclusivement motivé par une démarche scientifique et objective, ou s'il repose sur des préoccupations plus subjectives, qui ne sauraient s'accommoder d'un ordonnancement du monde où des non occidentaux (asiatiques par exemple) seraient premiers.

En définitive, et au regard de l'analyse serrée de la liste des pays, classés en rang par le PNUD, au cours de la dernière décennie, une question toute simple ne peut manquer de venir à l'esprit : l'affinement de l'IDH , procède t il d'une démarche intellectuelle désintéressée, ou vise-t-il à conforter par des « ajustements de laboratoire », l'idée préétablie d'un monde où les premiers sont définis d'avance.

Quant aux derniers, il est sans doute moins intéressant de s'occuper de leur distribution interne, l'important étant de disposer de la liste exhaustive, sachant qu'ils sont et demeurent derniers.

Comment comprendre en effet que depuis une décennie, le PNUD s'exerce à mesurer le développement humain sous le seul angle des variables socio-économiques, au moment même où il reconnaît " que le développement humain ne s'arrête pas aux seules variables socio-économiques ". Dès l'année 1991 en effet, il mettait l'accent sur les libertés humaines: "sans libertés, le développement humain est incomplet ; l'indicateur du développement humain, poursuit le PNUD, doit donc accorder un poids suffisant à la liberté dont jouit une société dans la poursuite de ses objectifs matériels et moraux ".

L'institution des Nations Unies, va donc tenter, à partir des travaux du Pr Charles Humana, d'introduire dans le rapport 1991, un indicateur des libertés humaines qui va classer un nombre limité de pays en trois catégories:

-Les pays à liberté humaine élevée en 1985:

Suède, Danemark, Pays -Bas, Finlande, Nouvelle-Zélande, Autriche, Norvège, France, Allemagne (république fédérale), Belgique, Canada, Suisse, Etats Unis, Australie, Japon, Royaume Uni, Grèce, Costa Rica.

-Les pays à liberté humaine moyenne

Portugal, Papouasie Nouvelle Guinée, Italie, Venezuela, Irlande, Espagne, Hong-Kong, Botswana, Trinité et Tobago, Argentine, Jamaïque, Equateur, Sénégal, Panama, République

Dominicaine, Israël, Brésil, Bolivie, Pérou, Mexique, Corée Rép de, Colombie, Thaïlande, Inde, Sierra léone, Nigeria, Bénin, Singapour, Sri Lanka, Tunisie, Egypte, Ghana.

-Les pays à faible liberté humaine :

Pologne, Paraguay, Philippines, Tanzanie, Malaisie, Zambie, Haïti, Yougoslavie, Chili, Koweit, Algérie, Zimbabwe, Kenya, Cameroun, Hongrie, Turquie, Maroc, Libéria, Bangladesh, République démocratique allemande, Tchécoslovaquie, Arabie saoudite, Mozambique, Cuba, République Arabe Syrienne, Corée Rép démo de, Indonésie, Viet Nam, Pakistan, Zaïre, Bulgarie, U R S S, Afrique du Sud, Chine, Ethiopie, Roumanie, Libye, Iraq.

Le rapport PNUD sera accueilli par un tollé de protestations, car non seulement il n'est pas conforme au rapport de force politique, économique et militaire sur la scène internationale, mais il dérange quelque peu la géographie du développement humain tracée par la mesure de l'IDH . Il n'y a pas en effet superposition, encore moins similitude entre la carte des libertés humaines et celle du développement économique et social tel que mesuré par l'IDH en dépit de nombreuses affirmations à cet effet.

Le PNUD ramènera dès lors le débat sur un plan méthodologique pour souligner : "la liberté ne figure pas parmi les composantes de l 'IDH, car il est plus facile de parler de liberté que de la mesurer "(1991 p 19). Pourtant, c' etait bien le PNUD lui même qui soulignait, ainsi que nous l'avons relevé plus haut : "sans libertés, le développement humain est incomplet". L'I L H : indicateur de libertés humaines sera très vite remisé au placard de l'oubli, et le PNUD s'attachera dès lors à l'élaboration de nouveaux indicateurs plus "faciles", notamment :

-l'I S D H : indicateur sexo-spécifique de développement humain,

-l'I P H : indicateur de pauvreté humaine,

-l'I P F : indicateur de participation des femmes.

Ainsi donc, une décennie après l'introduction par le PNUD de l'IDH, indicateur du développement humain, et en dépit d'une définition heuristique du concept de développement humain par le

PNUD, l'instrument censé rendre compte de la réalité du développement pris comme un tout, ignore toujours des dimensions aussi fondamentales que:

-les libertés humaines,

-la participation et le contrôle,

-la justice et l'équité,

-la dimension de la sécurité humaine, qui à elle seule est en voie de modifier, par l'instrumentalisation politique du sentiment d'insécurité, opportunément amalgamé à la problématique de l'immigration, des pans entiers de l'occident politique, économique, social et culturel , dans l'analyse et la mesure du développement humain.

Peut-on dès lors et à juste titre, considérer que l'IDH mesure le développement humain ? Le PNUD lui même ne s'y est pas trompé, lorsqu'il affirme : "l'indicateur du développement humain contribue à notre compréhension des réalisations socio-économiques. Mais il ne rend pas compte de toutes les dimensions des choix humains.

3

LES ECARTS EN MATIERE DE DEVELOPPEMENT HUMAIN

LES ECARTS EN MATIERE DE DEVELOPPEMENT HUMAIN :

C'est pourtant, ce même instrument : l'IDH dont on s'accorde à reconnaître les composantes comme non exhaustives du développement humain, qui structure l'univers politique, économique, social et culturel de l'humanité en trois catégories :

-les pays à développement humain élevé, avec un IDH supérieur ou égal à 0,800;

-les pays à développement humain moyen avec un IDH compris entre 0,500 et 0, 799;

-les pays à faible développement humain avec un IDH inférieur à 0,500.

Ainsi le rapport PNUD : 2001, sur le développement humain dans le monde recense :

-48 pays et territoires marquant un développement humain élevé ;

-78 pays et territoires marquant un développement humain moyen ;

-36 pays et territoires marquant un faible dévelop-pement humain.

Il y a une décennie, le rapport mondial sur le développement humain 1991 ne retient aucun pays africain sur les 53 Etats et territoires classés avec un IDH élevé (»800) :

Sur les 44 états et territoires classés avec un IDH moyen (compris entre 0,500 et 0,799) on ne relève que cinq états du continent africain.

Par contre sur les 63 Etats et territoires classés derniers (IDH faible : (0,500), 45 sont africains.

Dix années plus tard, le rapport mondial 2001 note : sur 48 pays et territoires classés IDH élevé, on ne relève toujours aucun pays africain ; sur 76 Etats et territoires manifestant en IDH moyen ,17 seulement sont africains.

Enfin, sur 36 pays et territoires classés IDH faible la majorité soit, 27 sont africains.

Si l'on peut noter au cours de cette dernière décennie, une progression de certains Etats africains vers un IDH moyen, si la proportion d'états manifestant un IDH faible s'est réduite, il reste que la fracture mondiale demeure. Aucun Etat africain ne relève d'un IDH élevé, la majorité des Etats manifestant un IDH faible demeurent africains.

Aujourd'hui, l'Afrique cumule près de 350 milliards de dollars (EU) de dette extérieure, alors que la mortalité infantile est en moyenne de 75 %° naissances, l'espérance de vie de 54 ans en moyenne (rapport annuel : Groupe de la Banque Africaine de Développement 2001).

Selon le rapport mondial 2000 sur le développement humain, " en 1997, sur les 174 Etats du système des Nations Unies, onze d'entre eux qui constituent les principales puissances économiques ; c'est à dire l'Allemagne, la Belgique, le Canada, les Etats Unis, la France, l'Italie, le Japon, les Pays Bas, le Royaume Uni, la Suède et la Suisse et qui regroupent 12,5 % de la population mondiale, représentaient à eux seuls 67,8 % du Produit Intérieur Brut mondial. "

Aujourd'hui, " le cinquième de la population mondiale vivant dans les pays les plus riches se partage :

86 % du P.I.B. mondial contre 1 % pour les plus pauvres

82 % du marché d'exportation contre à peine 1 % pour les plus pauvres

68 % des investissements directs étrangers contre à peine 1 % pour les plus pauvres.

74 % des lignes téléphoniques mondiales contre à peine 1,5 % pour les plus pauvres.

"Avec 19 % de la population mondiale, les pays de l'O.C.D.E. assurent 71 % des échanges mondiaux de biens et de services, accueillent 58 % des investissements directs étrangers et rassemblent 91 % des utilisateurs d'internet. " Les 200 personnes les plus riches au monde ont vu la valeur de leur patrimoine multipliée par plus de deux entre 1995 et 1998 pour dépasser aujourd'hui les 1.000 milliards de dollars en montants cumulés. Les trois plus grosses fortunes du monde, possèdent ensemble plus que le P.N.B. total du groupe des pays les moins avancés, soit 600 millions d'habitants ".

Ainsi donc, l'écart de revenu par habitant entre riches et pauvres se creuse davantage tous les ans : de 3 contre 1 en 1820 , il est passé à 7 contre 1 en 1870, pour atteindre 11 contre 1 en 1913, puis 30 à 1 en 1960, 60 à 1 en 1990 et aujourd'hui plus de 74 à 1 (PNUD 2000), alors même et selon de nombreux économistes l'Afrique et l'Europe étaient au même stade de développement au XVème siècle.

En 1993 poursuit le rapport, " dix pays assuraient à eux seuls 84 % des dépenses mondiales de recherche/ développement, et contrôlaient 95 % des brevets déposés aux Etats Unis, au cours des vingt années précédentes. En outre, plus de 80 % des brevets accordés dans les pays en développement appartiennent à des résidents des pays industrialisés ".

Ainsi, les 77 pays dits en développement qui regroupent l'ensemble des pays d'Afrique, plus quelques pays d'Amérique Latine, du Moyen Orient et de l'extrême Orient, et qui représentent 76 % de la population mondiale ne pèsent que 16,9 % du P.I.B. mondial.

De manière plus spécifique, l'écart entre riches et pauvres peut ainsi être résumé :Dans le domaine de l'espérance de vie, celle-ci est de :

77,7 ans pour les pays industrialisés et
48,9 ans pour l'Afrique subsaharienne

Le taux d'alphabétisation des adultes est de :
98,7 % pour les pays industrialisés
58,5 % pour les pays de l'Afrique subsaharienne

Le taux brut de scolarisation tous niveaux confondus est de :
92 % pour les pays industrialisés
44 % pour les pays de l'Afrique subsaharienne

Le P.I.B. réel par habitant est de :
23.741 pour les pays industrialisés
1.534 pour les pays de l'Afrique subsaharienne

Le taux de mortalité infantile est de :
6 °/°° pour les pays industrialisés
105 °/°° pour les pays de l'Afrique subsaharienne

Enfin, le taux de mortalité maternelle est de :
13 pour 100.000 naissances vivantes pour les pays industrialisés
979 pour 100.000 naissances vivantes pour l'Afrique subsaharienne.

La situation du monde a-t-elle évolué au cours de cette année 2001 ?

En ce début de millénaire souligne le rapport 2001 du PNUD, « beaucoup reste à faire pour le développement humain. Partout dans le monde, des carences inadmissibles persistent. Sur les 4,6 milliards d'habitants des pays en développement, plus de 850 millions sont analphabètes, près d'un milliard n'ont pas accès à des points d'eau aménagés et 2,4 milliards à une infrastructure sanitaire élémentaire !... Près de 325 milliards de garçons et filles ne sont pas scolarisés. Et 11 millions d'enfants de moins de cinq ans succombent chaque année, suite à des maladies et autres fléaux pour lesquels existe pourtant une prophylaxie ou une solution. Cela représente plus de 30 000 décès quotidiens. Quelque 1,2 milliard d'individus ont moins d'un dollar par jour (en PPA de 1993) pour vivre et 2,8 milliards moins de deux dollars par jour. Ces manques ne sont pas le lot des seuls pays en développement. Ainsi, dans les pays de l'OCDE, plus de 130 millions de personnes connaissent la pauvreté monétaire, 35 millions, le chômage, et l'illettrisme touche en moyenne 15 % de la population adulte. » (PNUD 2001)

Mais c'est en Afrique que la situation est la plus dramatique.

Confrontés à ces réalités, les dirigeants africains se sont réunis à Libreville, en janvier 2000, avec la Banque Africaine de Développement, le FMI et la Banque mondiale. A l'issue de ce sommet, ils ont adopté la Déclaration de Libreville, dans laquelle, ils s'engagent solennellement à réduire la pauvreté de moitié d'ici 2015.

Lorsqu'on compare la liste des pays regroupés selon leur niveau de développement avec la liste des pays regroupés selon le revenu : PNB/ H, on observe
les données suivantes:

	Elevé	moyen	faible
PNB/ H	33	71	58
IDH	48	78	36

Si les deux listes entretiennent quelques similitudes, elles ne sont cependant pas identiques. La mesure du développement par le PNB et l'IDH, ne donne pas le même résultat.

Quel résultat obtiendrait-on donc, en comparant la liste des pays mesurés par un IDH à trois (3) indicateurs (niveau de vie, niveau d'instruction, espérance de vie) et la liste des pays mesurés par un IDH comprenant les trois premiers indicateurs et les indicateurs suivants par exemple :

-indice de participation populaire
-indice de libertés humaines;
-indice d'indépendance de la justice;
-indice de sécurité humaine; etc.

L'IDH tel qu'il est aujourd'hui mesuré, rend il véritablement compte du développement humain? Les écarts rapportés entre différents pays, rendent ils compte d'écarts en développement humain, ou d'écarts en certains domaines du développement humain?

N'y a t il pas ici, un formidable abus de langage et sans doute abus scientifique, à vouloir transformer un indicateur socio-économique en indicateur de développement humain ? Quelle fonction politique ou idéologique, l'IDH tel que mesuré, est-il censé remplir?

4

LES FONDEMENTS THEORIQUES ET IDEOLOGIQUES DE L'INDICATEUR DU DEVELOPPEMENT HUMAIN : IDH

LES FONDEMENTS THEORIQUES ET IDEOLOGIQUES DE L'IDH

L'IDH mesure on le sait, le niveau moyen atteint par un pays donné selon trois critères définis. Les rapports successifs du PNUD, tout en rappelant que l'IDH est une mesure indicative et non exhaustive du développement humain, s'exercent cependant à classer chaque année les pays du monde en fonction des trois indicateurs de base :

-revenu par habitant , corrigé et exprimé en parité de pouvoir d'achat

-niveau d'instruction résultant du taux d'alphabétisation des adultes et du taux combiné de scolarisation dans l'enseignement primaire, secondaire et supérieur;

-l'espérance de vie à la naissance;

Il est loisible de poser la question de savoir si le choix des indicateurs de base, constitutifs de l'IDH ne procède pas d'une volonté consciente de faire apparaître, de manière contrastée, deux mondes : celui des riches d'une part, des pauvres d'autre part.

En parcourant attentivement les rapports du PNUD, on peut même, à loisir, surprendre formulées, des préoccupations corroborant une telle affirmation.

Il est en effet établi que l'espérance de vie est fortement liée aux progrès scientifiques, aux conditions matérielles d'existence et au niveau d'instruction. Ainsi, l'espérance de vie dans les pays d'Afrique subsaharienne aujourd'hui, est celle de l'Europe d'il y a une centaine d'années.

Les trois indicateurs de l'IDH, espérance de vie, niveau de vie et niveau d'instruction, entretiennent dans l'échelle du développement économique et industriel une forte corrélation (sauf le cas de pays ayant dans une histoire récente accédé à des revenus élevés d'exportation par exemple).

Il est un truisme de relever que les pays qui ont très tôt investi dans l'éducation, l'instruction, la formation et la recherche scientifique, technique et technologique, ont vu leurs revenus s'accroître , par une meilleure maîtrise de l'environnement mais ont également vu l'espérance de vie des populations augmenter de manière significative grâce aux progrès de la médecine, de la biologie, de la recherche pharmaceutique, de l'hygiène et de l'alimentation.

Le choix des trois indicateurs de base, constitutifs de l'IDH n'est donc pas fortuit. Il procède d'une démarche théorique délibérée, visant à tirer vers le haut des pays ayant atteint un certain stade de développement économique et industriel, au moment même où l'on tire vers le bas, les pays en développement dont les faiblesses de revenu, d'espérance de vie ou encore de niveau d'instruction n'ont guère besoin de formule mathématique pour se donner à voir et penser.

Une telle démarche ne peut véritablement rendre compte de manière objective des disparités en matière de développement humain car elle est à la fois partielle et partiale:

-partielle car excluant de la mesure du développe-ment humain des variables aussi essentielles que l'absence de stress, le nombre de suicides par habitant, le sentiment de sécurité, la solidarité, la justice, l'équité sociale, la participation des citoyens, l'exercice des libertés fondamentales, la paix sociale etc.

-partiale parce qu'elle repose sur un choix préétabli de variables d'essence exclusivement socio-économiques dont on sait par avance qu'elles définiront la "nécessaire et toute attendue" ligne de fracture entre nord et sud.

Comment comprendre que le système des Nations Unies ait occulté tant de dimensions essentielles dans l'analyse et la mesure du développement depuis une décennie, se contentant d'indicateurs quasi économiques.

Lorsqu'un indicateur des libertés humaines est élaboré, il est vite rangé au domaine de l'oubli, au regard de controverses suscitées çà et là .

Pour décourager toute velléité de concevoir un instrument susceptible de quantifier le développement Humain dans sa complexité et déranger par conséquent un ordre mondial "bien ordonné" par l'IDH, le rapport PNUD 2001 affirmera, péremptoire : "Il est en fait **impossible** de définir un instrument de mesure, ou même un ensemble d'indica-teurs, capables de faire le tour du développement humain. Pourquoi ? Parce qu'un grand nombre des aspects essen-tiels à ce concept sont d'un chiffrage difficile, voire irréalisable. Si les outils de mesure synthétique peuvent être très efficaces pour attirer l'attention sur certains points, ils ne sauraient donc se substituer à une appréhension globale des vastes perspectives qu'offre le développement humain".p 14

Alors que l'intelligence humaine, a permis en cette fin de millénaire, de décoder et de décrypter la très complexe carte du génome humain, alors que le monde voit s'accélérer chaque jour , les formidables percées de la science dans le domaine du numérique, repoussant toujours plus loin les limites de la science, de l'intelligence et de la connaissance, le Système des Nations Unies, à travers son Institution Spécialisée, chargée de la promotion du Développement Humain dans le monde, ne veut manifestement consentir aucun effort supplémentaire pour mesurer le développement humain, en dehors du prisme sectoriel et partiel des performances économiques et sociales mesurées par l'IDH.

L'homme, n'a t il pas déblayé le terrain des obstacles et difficultés scientifiques, pour s'affranchir de la pesanteur, voguer dans l'atmosphère et la stratosphère, poser pied sur la lune ou encore expédier des robots sur la planète Mars ?

Pourquoi, serait-il à contrario incapable de quantifier le développement humain dans sa diversité et sa complexi-té ?

Pourquoi, doit-il donc considérer une telle tâche **Im-possible ?** Est-elle impossible ou seulement **non souhaitable et non**

souhaitée ? Faut-il considérer que l'instru-ment actuel de mesure du développement humain : IDH sa-tisfait pleinement les décideurs internationaux qu'ils jugent tout effort supplémentaire inutile ? La science, a-t-elle ici atteint opportunément ses limites par la très forte corrélation et la belle concordance entre la théorie, la méthode et l'idéologie telles que consacrées par l'IDH ?

De quelle Autorité Scientifique, le PNUD peut-il se prévaloir pour décider tout seul, en ce début de second millénaire, que la mesure du développement humain est **impossible ?**

Pourquoi, tout en affirmant que l'IDH ne mesure pas le développement humain de manière exhaustive, le PNUD, continue-t-il cependant à utiliser le modèle pour affirmer qu'il mesure le développement humain et publie-t-il chaque année un classement "très officiel" des Etats et des Nations du monde selon des procédures scientifiquement non suffisantes à rendre compte du développement humain pris dans sa globalité ?

En vérité, le fondement idéologique de l'IDH ne consiste-t-il pas à rendre par les chiffres, la prééminence d'un « way of life » occidental dans un océan de misère.

Sans doute, s'il avait été pris en compte, dans la mesure de l'IDH, des indicateurs culturels, politiques, et sociaux, tels que la paix, la sécurité humaine, la participation, la responsabilité, la justice, la solidarité, l'absence de stress, le taux de suicide, le taux de malades mentaux par habitant, les agressions , les libertés humaines etc, la fracture Nord Sud eût revêtu un visage différent de celui qui se donne à lire dans chaque rapport annuel du Programme des Nations Unies pour le Développement.

5

LES FAIBLESSES EPISTEMOLOGIQUES DU MODELE : IDH

LES FAIBLESSES EPISTEMOLOGIQUES DE L'IDH

Le caractère non exhaustif de l'IDH pour rendre compte du développement humain est relevé par le PNUD lui même , ainsi que nous l'avons souligné dans le chapitre précédent.

A l'intérieur du système lui même, de nombreuses voies se sont élevées pour appeler à l'avènement d'outils aptes à mesurer le développement dans ses différents aspects.

Pour Djilali Ben Amrane, "il apparaît clairement que les trois indicateurs de base de l'IDH sont eux mêmes sujets à discussion sur leur fiabilité et leur capacité à rendre compte , de façon simple et exhaustive, de la situation complexe de macro secteurs , tels ceux relatifs aux conditions de vie, d'accès au savoir ou de couverture satisfaisante des besoins minima pour la qualification d'une vie décente.

L'auteur poursuit : "le caractère globalisant et statique de ces indicateurs constitue leur faiblesse principale. De plus, dans certains cas, ces indicateurs, du fait de courants de pensée économique de référence , privilégient la variable production dont l'homme constitue l'un des facteurs parmi d'autres de croissance".

Ainsi donc, d'un point de vue théorique, le choix des trois indicateurs de base de l'IDH posait et pose problème. C'est pourquoi, le PNUD s'attachera à affiner l'analyse du développement humain par l'élaboration de nouveaux indicateurs.

Après plusieurs incursions dans le domaine des libertés politiques, de la participation populaire ou de la sécurité humaine, le PNUD retiendra les principaux outils que sont:

- -l'indicateur de développement humain,
- -l'indicateur sexo spécifique de développement humain
- -l'indicateur de pauvreté humaine,
- -l'indicateur de participation des femmes, et enfin
- -l'indicateur du développement technologique depuis le rapport 2001.

Les difficultés ne sont cependant pas réglées, car même en ajoutant ces indicateurs à l'analyse du développement humain, les domaines fondamentaux que sont les libertés, la participation, la sécurité ou la justice sont ainsi occultés.

L'argument généralement invoqué, consiste à répondre à ces critiques que les trois indicateurs de base de l'IDH sont assez puissants, et représentatifs pour couvrir l'ensemble des dimensions du développement humain.

C'est de notre point de vue un argument simpliste, qui ne résiste guère à une analyse contradictoire et objective de la réalité, car, il est facile de démontrer par exemple qu' il n'y a pas corrélation systématique entre le revenu par habitant, et la liberté humaine, la sécurité humaine, ou encore la participation des citoyens. A examiner la situation en Europe de l'Est ou dans les pays du golfe, l'on en vient nécessairement à relativiser une telle perception.

En outre, pour démontrer que l'IDH tel qu'il est mesuré par les indicateurs actuels, entretien une forte corrélation avec l'ensemble des variables du développement humain, il eût au préalable été indispensable de quantifier chacune des composantes du développement humain lui même, pour en analyser le système de corrélation. Or le PNUD souligne l'impuissance qu'il ressent à quantifier des dimensions spécifiques telles que : les libertés, la justice, la sécurité, la participation etc. Comment dès lors est-il raisonnablement possible d'affirmer que les trois indicateurs de base de l'IDH sont assez généraux pour rendre compte du développement humain dans sa globalité ?

La faiblesse épistémologique de l'IDH en tant qu'instrument susceptible de rendre compte du développement humain est ici une évidence. Seul le rapport de force continental dont bénéficient les Institutions qui l'ont enfanté , justifie le statut scientifique qu'il exerce très officiellement sur notre planète au travers de rapports annuels sur le développement humain, classant des Etats, des Nations et des Peuples du monde en rang, du premier au dernier.

6

LES CONSEQUENCES PSYCHO SOCIOLOGIQUES ET LES REPERCUSSIONS ECONOMIQUES ET POLITIQUES DE LA MESURE COMPARATIVE DE L'IDH

EFFETS ET CONTRE EFFETS DES RAPPORTS ANNUELS PNUD SUR LE DEVELOPPEMENT HUMAIN

LES CONSEQUENCES PSYCHO SOCIOLOGIQUES ET LES REPERCUSSIONS ECONOMIQUES ET POLITIQUES DE LA MESURE COMPARATIVE DE L'IDH : effets et contre effets des rapports annuels du PNUD, sur le développement humain.

Quelle est l'utilité de la mesure de l'indicateur du développement humain ?

Commençons par questionner le PNUD. Pour l'Institution, "toutes les améliorations de l'IDH augmentent l'utilité et autorisent une meilleure compréhension des structures du progrès socio économique. Elle ne sont cependant que les premières étapes d'un processus d'affinement continu et il reste des progrès à accomplir pour faire de l'IDH un instrument fiable d'interprétation de la réalité et d'aide aux décisions clés de politique" (1991 p 4).

Depuis plus d'une décennie que le PNUD, s'efforce d'établir chaque année un classement des Etats, quel apport un tel classement a-t-il généré dans la lutte contre le sous développement, au regard de la finalité fixée par le PNUD lui même à la mesure du développement humain ?

Outre que l'IDH permet de classer les différents pays du monde en trois catégories, qu'il permet de relever dans le temps, les changements dans l'ordre et la composition des catégories du développement humain, de quelle autre utilité s'est révélé l'IDH ?

En vérité, la mesure du développement aurait été de quelque utilité si, après avoir répertorié les pays manifestant un IDH faible, les ressources matérielles, financières, humaines, techniques, etc étaient effectivement mobilisées par les Nations Unies pour concourir à sortir ces pays de leur situation endémique de sous développement.

En second lieu, la mesure de l'IDH aurait eu un impact significatif, si la désignation des pays à développement humain moyen ,était concomitamment suivie d'effets aptes à permettre à ces pays de gagner le rang de pays à développement humain élevé.

Il est loisible de relever qu'au cours de la dernière décennie, les plus riches se sont d'avantage enrichis, les plus pauvres se sont appauvris d'avantage, même si dans le même temps , le nombre de pays à développement humain moyen s'est quelque peu accru.

En vérité, la mesure de l'IDH n'a pas été suivie de mesures aptes à réduire l'écart entre les plus riches et les plus pauvres , même si de nobles intentions n'ont pas manqué, et certainement les plus illustres, répertoriées par le sommet du millénaire.

A quoi donc peut bien servir la mesure de l'IDH, ainsi que l'élaboration systématique et annuelle du rapport PNUD sur le développement humain, activités conduites à grands frais par le système des Nations Unies ?

Sur un plan psycho-sociologique, le caractère systémati-que de la mesure du développement humain et l'aspect récurent de la fracture Nord Sud, achève de convaincre les habitants du "nord" de la suprématie de leur organisation politique, économique , sociale et culturelle, et ceux du "sud", du déterminisme quasi naturel de leur condition de pauvreté et de misère. Une telle situation, empreinte de fatalisme n'incite guère à la compétition, car procédant d'un ordre somme toute présenté comme "naturel" et "immuable" des choses de l'univers; elle invite ceux qui sont placés, par la grâce d'une formule mathématique en haut de l'échelle à ne pas "changer" une organisation politique , économique et sociale qui a fait "ses preuves" et qui "gagne" en dépit des inégalités dont elle est porteuse; dans le même temps, elle incite ceux qui sont en bas de l'échelle à un attentisme fait de commisération, de mendicité et de fatalisme au regard du discours sans cesse ressassé : "il faut, dit-on, aider les pays pauvres à changer leur destin".

Et voici que ces millions de pauvres dans l'attente d'une "aide" promise et convaincus de leur incapacité à s'en sortir par eux mêmes, ne conduisent pas les initiatives nécessaires à leur permettre de s'extraire de la gangue du sous développement et de la misère.

Sur le plan de la démarche mathématique, le calcul de l'IDH participe également au renforcement d' une telle attitude à deux niveaux au moins :

-la mesure de l'IDH donne lieu à une valeur synthéti-que qui ne permet pas d'apprécier le développement humain de manière sectorielle et relative. Un modèle relativisant les données du développement humain, aurait pu placer tel pays dans un faible niveau du point de vue du revenu, mais dans un niveau élevé du point de vue de la sécurité humaine, ou des libertés publiques etc.

Avec l'IDH, une seule valeur est donnée, qui place toute une nation et pour l'ensemble de ses domaines :politique, économique, social , culturel, sécuritaire, dans une seule et unique catégorie, couronnant ainsi, par l'effet d'une formule mathématique, la doctrine évolutionniste en matière de développement humain .

En second lieu, l'échelle de mesure de l'IDH contribue également aux effets évoqués plus haut. Rappelons donc que l'échelle IDH va de zéro à un au Maximum.

Voyons donc ! Tant d'efforts de développement Humain , pour tant d' Etats et de Nations , réduits à une marge comprise entre 0 et 1. Où donc les technocrates du PNUD , sont-ils allés chercher leur inspiration, pour définir une échelle du développement humain côtoyant allègrement les valeurs négatives de l'arithmétique et de la science mathématique ?

Le développement humain, n'est-il pas par définition , par essence et par noblesse positif dans sa quête et sa conquête, pour s'affranchir dès le départ -et parce que social d'abord- des sombres marécages du zéro virgule ?

Montaigne, n'affirmait-il pas avec véhémence :**"science sans conscience n'est que ruine de l'âme"?** Si toute science repose sur des fondements mathématiques et logico mathématiques, si l'univers lui même est de structure et d'organisation mathématique, ainsi que l'affirment de nombreux penseurs, la science mathématique n'est -elle pas d'abord et avant tout d' **essence humaine** et n'a t elle pas pour fonction et vocation premières de servir l'humanité de manière féconde ?

Quelle logique et quelle raison ont –elles conduit, depuis une décennie, et au terme de tant d'affinements mathé-matiques de l'IDH, toujours plus "pointus" les uns que les autres, à éviter l'échelle véritablement positive du dévelop-pement humain ? mais, dira-t-on : l'échelle positive ne démarre-t-elle pas à partir du point zéro ?

Toutefois, l'instrument scientifique , censé rendre compte de la valeur arithmétique et/ou mathématique du dévelop-pement humain, ne doit- il pas à l'image du processus du développement humain, commencer par s'affranchir du "**point zéro virgule**", au même titre que l'homme s'est affranchi de son état de barbarie et de nature, pour traduire en harmonie et en symphonie les valeurs fécondantes de civilisation que l'humanité, dans un effort collectif et de nature intellectuel, spirituel et social a su inventer, générer et perpétuer ?

Et pourtant, ne suffisait-il pas tout simplement de multiplier l'opération de base par 10, 100 ou encore 1000, plutôt que de ramener les efforts de tant de peuples à 0,100 IDH ; O,200 IDH ; ou encore 0,375 IDH?

Quelle stimulation une communauté entière peut elle ressentir à faire mieux et d'avantage, lorsque l'instrument officiel et internationalement consacré et sacralisé par la société des nations, a statué un développement humain égal à 0, 277 IDH, pendant que des pans entiers de l'humanité occidentale "flirtent "avec des valeurs proches de 0, 900 IDH.

En cette année 2002, le rapport annuel PNUD sur le développement humain retient vingt et un (21) pays qui ont franchi la barre des zéro virgule neuf cent (0,900) IDH. Ces pays sont par ordre croissant : Espagne, Italie, Nouvelle-zélande, Irlande, Allemagne, Autriche, Dane-mark, Royaume-Uni, France, Luxembourg, Suisse, Finlan-de, Japon, Pays-Bas, Islande, Etats-Unis, Belgique, Suè-de, Canada, Australie, Norvège.

Il est intéressant de noter que les cinq premiers pays classés manifestent un IDH compris entre O,935 et 0,939, alors même qu'il y a une décennie, aucun de ces pays (hormis le Canada), n'atteignait la barre de 0,900 IDH (voir rapport PNUD 2001 p 145).

Lorsque dans moins d'une décennie, ces pays auront atteint la barre maximale d'un IDH valeur un (1), et auront par conséquent "bouclé la boucle du développement humain", quelle autre mesure le PNUD, trouvera-t-il à inventer ? Assistera -t-on alors à un IDH spécifique, dépassant la valeur "maximale" un (1) !

Que dire alors de tous ces pays à "développement humain élevé " selon le classement très officiel du PNUD, où paradoxalement persiste l'insécurité, où les psychiatres prospèrent, où le taux de suicide par habitant culmine à des records inattendus , où la "mal bouffe" tue, où les accidents automobiles, la drogue et la cigarette font autant de victimes que certaines maladies tropicales, où la solitude et l'indifférence sont de rigueur, où la "chaleur humaine" et la solidarité ont déserté les foyers et les cités, où le stress accable, où les poumons étouffent sous l'effet mortel des gaz générés par la pollution, où les personnes âgées sont isolées de leurs familles dans des « cités mouroirs » ?

Le développement humain, mesuré à l'aulne des seules dimensions matérielles de la vie, est-il humain ? Si le confort matériel et l'instruction sont des composantes es-sentielles du développement humain, ni l'un ni l'autre n'ont cependant de limites absolues, au regard du développe-ment rapide et irrésistible de la science et de la technologie. Le PNUD, n' a-t-il pas manqué de vigilance, à vouloir enfermer le confort matériel et l'instruction dans une échelle variant de zéro à un, alors même que ces dimensions sont par essence illimitées et ne sont donc pas susceptibles d'échelle absolue? Que fera donc le PNUD lorsque ces pays occidentaux auront atteint la valeur maximale de 1 en développement humain ?

Comment encore une fois le PNUD, pourra-t-il convaincre la communauté des scientifiques de la crédibilité de son instrument de mesure, lorsque des pays ayant pourtant atteint la valeur maximale du développement humain, restent confrontés, de manière endémique et récurrente à l'insécurité, les agressions, les troubles mentaux, les suicides, les accidents de circulation, l'usage des stupéfiants à une échelle inquiétante, affectant à la fois l'humain et le développement humain ?

Concernant les pays à "faible développement humain", la probléma-tique est tout aussi ardue car, à y réfléchir, l'on ne peut contourner la question suivante : quelle motivation y a-t-il pour des populations déshéritées, à œuvrer à plus d'efforts, lorsque depuis une décennie, on leur "assène" qu'ils sont derniers, en net recul de développement humain, et que l'ensemble de leurs efforts politiques, sociaux, culturels, humains, financiers etc ,se résument et se conjuguent par la grâce d'un IDH savamment concocté et le concours d'une science mathématique "affinée", au point **ZERO VIRGULE DEUX IDH ?**

En vérité, les effets psycho sociologiques des rapports annuels PNUD, s'ils produisent une forte "sécrétion d'adré-naline" dans les pays situés en haut de l'échelle, ont paradoxalement pour effet, de "lobotomiser" des pans entiers d'une humanité pauvre et miséreuse, soumise à la dure loi du classement au dernier rang de la planète.

Il est temps, pour le PNUD, d'analyser et de mesurer à rebours, les effets et contre effets des **traumatismes** consécutifs à la publication annuelle, officielle et **très solennelle** de ses rapports mondiaux sur le développe-ment humain, fondés sur une mesure incomplète du développement humain, dont l'efficacité dans la lutte contre le sous développement est largement discutable.

Il est temps, pour le PNUD, d'initier une mesure du développement humain, prenant en compte l'ensemble des composantes du développement humain, dans une analyse et une présentation relative, car le développement humain est par essence, de nature diverse, multiple et multiforme et ne saurait être enfermé systématiquement dans une valeur unique, statique et figée.

Il est temps pour le système des nations unies, d'initier une mesure diagnostique, heuristique, exhaustive et dynami-que du développement humain.

7

L'IDH : UNE CONSEQUENCE DE LA GOUVERNANCE

L'IDH : UNE CONSEQUENCE DE LA GOUVERNANCE

L'analyse du modèle IDH renvoie, nous l'avons évoqué, à la prise en compte de trois indicateurs fondamentaux qui sont :l'espérance de vie, le niveau de vie et le niveau d'instruction .

Les travaux que nous avons effectués sur la gouvernance, nous ont conduit à proposer un modèle structural du fonctionnement de celle ci, comprenant :

-des domaines,
-des composantes,
-des indicateurs,
-des sous indicateurs.

L'analyse et la quantification des indicateurs et sous indicateurs de la gouvernance a permis la mise en œuvre du modèle IBG : indicateur de bonne gouvernance, ou encore I D G : indicateur de gouvernance. Ce modèle vise à quantifier les valeurs de chaque domaine et de chaque composante de la gouvernance. Quels sont les domaines et les composantes de la gouvernance ?

-Les domaines de la gouvernance :

-quatre domaines sont spécifiés:
- gouvernance politique,
- gouvernance économique et sociale,
- gouvernance administrative,
- gouvernance locale.

-Les composantes de la gouvernance :

Le modèle IBG prend en compte dix composantes de la gouvernance , ainsi définies :

- primauté du droit et légitimité,
- participation et décentralisation
- responsabilité et imputabilité
- transparence et contrôle
- efficacité et efficience
- vision stratégique
- recherche du consensus

- capacité d'ajustement
- équité
- composantes spécifiques.

On peut relever que le modèle IBG renvoie à l'ensemble des domaines du développement humain.

Le modèle IDH conçu par le PNUD renvoie principalement, ainsi que nous l'illustrons en page suivante à deux domaines essentiels de la gouvernance : les domaines économique et social. L'IDH et ses dérivés : ISDH, IPH sont une conséquence , à l'analyse de la présentation sus - indiquée, du domaine économique et social de la gouvernance.

L 'IDH est donc une résultante de la gouvernance, exercée à court, moyen et/ou long terme. La valeur de l'IDH obtenue sur un plan mathématique, est donc l'expression de la gouvernance dans son domaine économique et social. Une bonne gouvernance économique et sociale aura théoriquement un impact positif sur la valeur de l'IDH. A contrario, une mauvaise gouvernance économique et sociale aura un impact défavorable sur la valeur de l'IDH.

Toute la question, d'un point de vue scientifique et épistémologique, réside dans la problématique d'une réduction du développement humain au seul domaine économique et social. Quel est l'impact possible du domaine politique de la gouvernance, sur la gouvernance économique elle même ? Inversement, quels effets peuvent susciter une bonne ou mauvaise gouvernance économique et sociale, sur la gouvernance politique ?

Quelle est la part de la gouvernance culturelle, administrative et locale dans l'exercice de la gouvernance, et la valeur mathématique d'un IDH fondé sur les seuls aspects économiques et sociaux du développement humain ?

Sauf à démontrer que la prise en compte des trois aspects de la gouvernance économique et sociale (niveau de vie, niveau d'instruction, espérance de vie) est suffisamment puissante pour rendre compte du développement humain pris dans sa globalité (ce qui, d'un point de vue scientifique revient à quantifier au préalable chacun des domaines de la gouvernance pour en analyser le système de corrélation), la mesure de l'IDH à travers les seuls domaines économique et social pose à la fois un problème éthique, théorique, scientifique, épistémologique et philosophique, car elle occulte les aspects administratifs, politiques et culturels du développement.

Si Marx et Proudhon se sont affrontés dans l'analyse des rapports entre l'être et la conscience, le matérialisme dialectique et scientifique lui même ne saurait recommander une lecture du développement humain sous le seul angle d'un aspect de l'être, occultant les autres aspects de la matière et rejetant le domaine super structurel du développement humain.

C'est donc, dans une démarche d'ensemble, qu'il convient d'envisager la mesure du développement humain. Vu sous cet angle, l'IDH est une valeur, une des valeurs possibles d'un domaine particulier du développement humain. L'IDH est donc, une des conséquences possibles du développement humain et de la gouvernance. Elle n'est pas une cause, encore moins la seule conséquence du développement humain pour prétendre le signifier dans sa globalité.

Valeur transversale et statique, l'IDH ne renseigne pas sur un diagnostic exhaustif et conséquent du développement humain et de la gouvernance, susceptible de permettre la correction des déficits en matière de développement humain et de gouvernance, laquelle secrète et engendre le développement ou le sous développement humain.

Par conséquent, l'analyse et la mesure de la gouvernance permet d'atteindre un double objectif:

-la quantification des performances dans les différents domaines de gouvernance renseigne sur la valeur mathématique du développement humain pour chacun de ces domaines.

La combinaison de ces domaines donnera alors une valeur synthétique, significative du développement humain pris dans sa globalité.

-l'analyse et la mesure des domaines et des composantes de la gouvernance, fournira un diagnostic exhaustif des modes de gestion politique, économique, social, culturel, administratif, local, qui permettra de déceler les insuffisances et déficits en matière de gouvernance, en vue de correction pour un développement humain durable.

En définitive, l'analyse et la mesure de la gouvernance ouvrent des perspectives fondamentales dans le domaine de la mesure du développement humain, mais aussi et surtout dans l'élaboration d'un outil diagnostic du développement et de la gouvernance, en vue de lutter plus efficacement contre le sous développement et promouvoir le développement humain durable.

8

DE LA NECESSITE DE QUANTIFIER LA GOUVERNANCE

DE LA NECESSITE DE QUANTIFIER LA GOUVERNANCE

Nous avons pu relever dans le chapitre précédent , que l'IDH dans ses composantes actuelles est une des résultantes possibles de la gouvernance, dans son domaine économique et social. La figure en page suivante illustre les efforts conduits par le PNUD, pour conduire une quantification exhaustive du développement humain.

Il résulte de ces observations que les domaines administrative et local de la gouvernance sont occultés de l'analyse du développement humain, ainsi que des pans entiers du domaine politique. D'un tel point de vue, il apparaît indispensable de quantifier la gouvernance dans ses domaines et ses effets politiques, économiques, sociaux et culturels. Les résultats de cette quantification ,peuvent permettre d'accéder à une valeur heuristique du développement humain global.

La difficulté principale réside cependant dans l'élaboration d'une démarche scientifique, susceptible de permettre la quantification de domaines aussi difficiles que :

-l'indépendance de la justice
-la légitimité des institutions
-le respect des lois et règlements
-la sécurité humaine
-la participation etc.

Si ces difficultés venaient à être levées, il sera possible d'obtenir des valeurs du développement humain pour chacun des domaines, pour chacune des composantes.

Ainsi donc, l'étude et l'analyse de la gouvernance dans ses différents domaines constitue une opportunité d'obtenir, sur la base des performance de chaque domaine et de chaque composante, des valeurs spécifiques du développement humain, qui, réunies, pourront fournir une valeur synthétique du développement humain pris dans sa globalité.

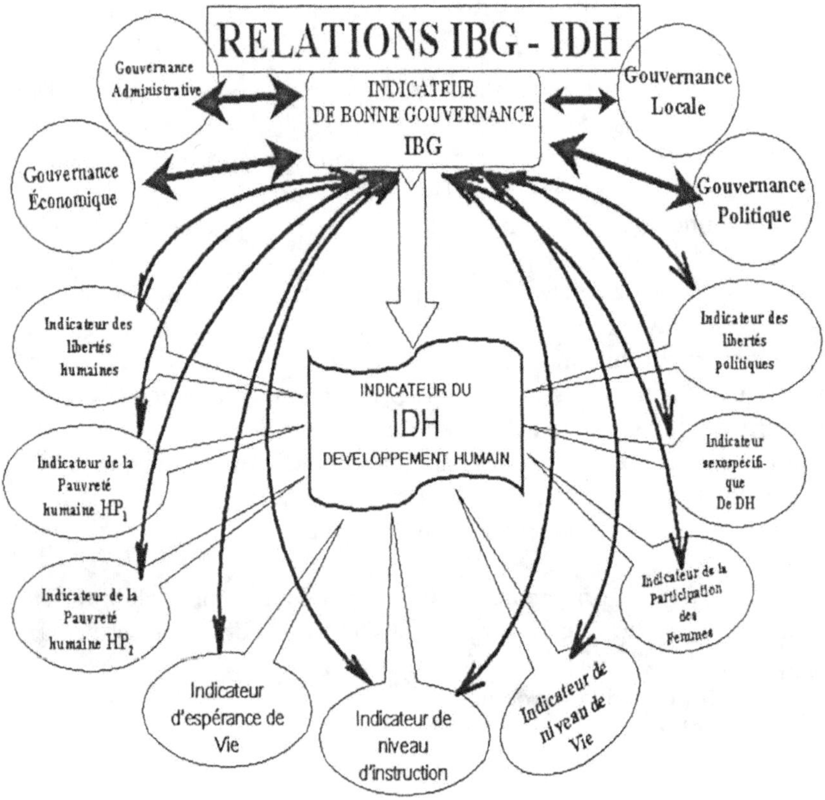

9

LE MODELE IBG : INDICATEUR DE BONNE GOUVERNANCE POUR QUANTIFIER LE DEVELOPPEMENT HUMAIN

LE MODELE IBG POUR QUANTIFIER LE DEVELOPPEMENT HUMAIN :

La quantification de la gouvernance pose en préalable, l'élaboration d'une théorie de la gouvernance.

Théorie structurale de la gouvernance :

Nous formulons l'hypothèse que la gouvernance est une structure qui comprend des domaines et des composantes:

-chaque composante est rattachée (principalement et non exclusivement) à un domaine;

-chaque domaine comprend des composantes et renvoie au noyau central (la gouvernance).

L'ensemble est organisé en une structure totale, où aucun élément n'existe à l'état isolé, mais reste solidaire de l'ensemble.

Il en résulte que toute action sur une composante quelconque de la gouvernance, peut influer sur le domaine correspondant, et par conséquent sur la gouvernance elle même.

Sur un plan théorique et méthodologique,, l'analyse et la mesure de la gouvernance, renvoient principalement à la quantification des différentes composantes de la gouvernance à travers les indicateurs et sous indicateurs les désignant. Cette mesure permet d'obtenir les valeurs respectives :

-des domaines de la gouvernance,

-des composantes de la gouvernance,

-la valeur synthétique de la gouvernance.

Le modèle suivant, illustre la structure de la gouvernance.

PROBLEMATIQUE THEORIQUE DU MODELE MATHEMATIQUE

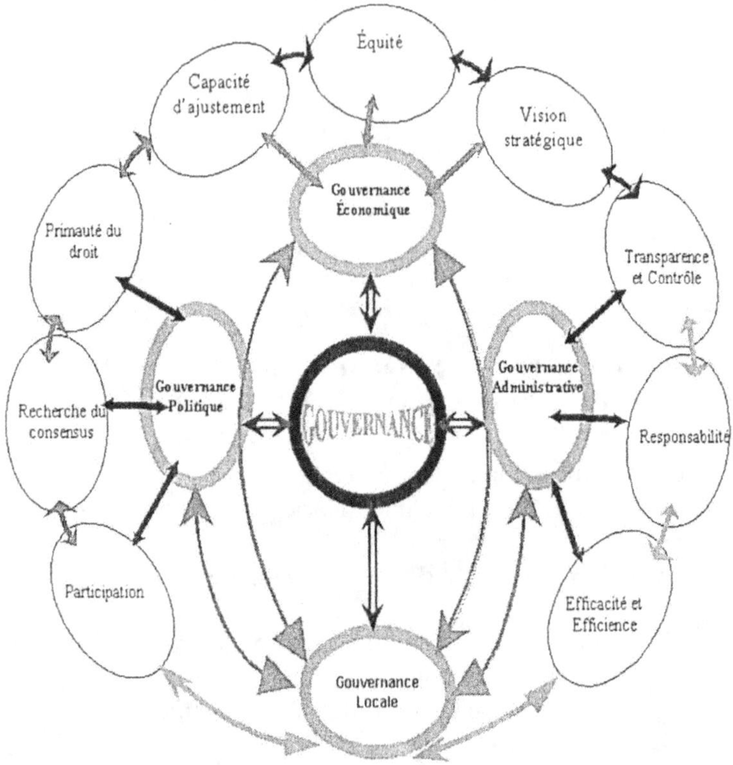

Pour mesurer la gouvernance, il convient en second lieu de définir les principes de base de l'analyse et de la mesure de la gouvernance.

Principes de base de l'analyse et de la mesure de la gouvernance

L'analyse de la gouverne procède de :

-la définition des domaines de la gouvernance,

-la définition des composantes de la gouvernance

-la définition des relations domaines -composantes,

-la définition des indicateurs de la gouvernance par composante,

-la définition des sous indicateurs par indicateur pour une évaluation systématique de chaque indicateur,

-la définition des seuils théoriques de gouvernance,

-l'élaboration d'une grille d'analyse de la gouvernance

-l'élaboration d'une grille d'interprétation des résultats.

La quantification de la gouvernance prend en compte la démarche relatée pour l'analyse de la gouvernance; elle y ajoute :

-l'élaboration d'une grille de notation des sous indicateurs de la gouvernance,

-l'élaboration d'un système de codification des sous indicateurs,

-la définition d'un modèle mathématique de quantification et de traitement des données recueillies.

En quoi consiste donc le modèle IBG ?

LES COMPOSANTES ET LES INDICATEURS

COMPOSANTES	INDICATEURS
PRIMAUTE DU DROIT	- Elections - Respect de la Constitution et des Lois - Respect de la séparation des pouvoirs - Efficacité de la Justice - Indépendance des Juges - Fonction de contrôle de l'Assemblée Nationale - Promotion et Protection des droits de l'homme
PARTICIPATION	- Décentralisation et Gouvernance locale - Qualité de la Gouvernance locale - Implication de la Société civile - Statut de l'opposition
RESPONSABILITE ET IMPUTABILITE	- Critères de la Responsabilisation - Evaluation de la Responsabilité - Objectivité de l'évaluation - Sanction administrative de la responsabilité - Sanction judiciaire et pénale de la responsabilité
TRANSPARENCE	- Cadre législatif de la transparence - Code de Bonnes pratiques - Contrôle parlementaire - Contrôle judiciaire : Cour des Comptes - Inspections - Suivi des inspections

EFFICACITE ET EFFICIENCE	- Cadre législatif efficient de l'administration - Respect du cadre - Principe de permanence - Motivation - Formation continue - Evaluation - Sanction - Capacité institutionnelle

VISION STRATEGIQUE	- Structure institutionnelle - Cadre juridique de la structure - Programmes et prospective - Vision à long terme - Qualité de la stratégie - Développement du secteur productif - Lutte contre la pauvreté

RECHERCHE DU CONSENSUS	- Capacité à réaliser les compromis politiques - Résolution des conflits institutionnels - Résolution des conflits économiques et sociaux - Résolution des conflits identitaires - Résolution des conflits liés à la gestion des terroirs - Résolution des conflits à caractère religieux - Résolution des conflits liés aux frontières

CAPACITE D'AJUSTEMENT	- Capacité à accepter et élaborer un cadre d'ajustement - Capacité à réaliser le consensus autour du contenu de l'ajustement - Efficacité interne de l'ajustement - Efficacité externe de l'ajustement
EQUITE	- Politique efficiente d'aménagement du territoire - Accès à l'éducation - Accès à la santé - Accès à la justice - Accès à l'emploi - Accès à l'eau potable - Accès à la propriété
COMPOSANTES SPECIFIQUES	- Culture de la paix et nouvelles dimensions de la sécurité - Genre, développement durable et droits de la femme et de l'enfant - Protection de l'environnement - Lutte contre la corruption - Liberté de la presse et démocratie

Les composantes et indicateurs définis ci-dessus constituent une première proposition qui pourra être remaniée et/ou recomposée.

1. Primauté du droit, légalité et légitimité

- **Elections** : il s'agit de l'ensemble des élections : présidentielles, législatives et/ou locales : transparence du scrutin électoral.

- **Respect de la Constitution et des lois** de la République, tant par les citoyens que par les responsables politiques et administratifs.

- **Respect du principe de séparation des pouvoirs** : exécutif - législatif - judiciaire.

- **Efficacité de la justice** : il s'agit ici d'apprécier la capacité des juridictions à traiter les dossiers avec équité et célérité.

- **Indépendance des juges** : les juges reçoivent-ils des ordres ? Jugent-ils en fonction de leur intime conviction ?

- **Fonction de contrôle de l'Assemblée Nationale** : L'Assemblée Nationale contrôle-t-elle l'action gouvernemen-tale ? Interpellation, sanction, etc.

- **Promotion et protection des droits de l'Homme** : La Commission Nationale des Droits de l'Homme, existe-elle, ainsi que les associations de promotion et protection des droits de l'homme, jouent-elles leur rôle en toute indépendance et sans menace ?

2. Participation

- **Décentralisation et gouvernance locale** : les élections locales sont-elles organisées ? Si oui, le sont-elles dans la transparence ?

- **Qualité de la gouvernance** : les Conseils sont-ils installés, jouent-ils leur rôle ? La population est-elle impliquée ?

- **Implication de la société civile** : D'une manière générale, syndicats, associations, secteur productif, sont-ils impliqués dans la formulation, l'élaboration, la mise en œuvre et le contrôle des politiques et programmes?

- **Statut de l'opposition** : existe-t-il des textes fixant le statut de l'opposition ? Ces textes lui reconnaissent- ils des droits ?

3. Responsabilité et imputabilité

- **Critères de responsabilisation** : existe-t-il un cadre législatif pour les nominations et affectations ? Comment l'appréciez-vous ?
- **Evaluation de la responsabilité** : les responsables sont-ils évalués dans l'exécution de leur tâche ? Y a t-il une obligation de résultat ?
- **Objectivité de l'évaluation** : ceux qui évaluent, sont-ils compétents et objectifs dans l'évaluation ?
- **Sanction administrative de la responsabilité** : un responsable incompétent, est-il sanctionné par la perte de son poste ?
- **Sanction judiciaire** : les agents convaincus de manquement, détournement, sont-ils traduits devant les juridictions compétentes ?

4. Transparence

- **Cadre législatif de la transparence** : y a -t-il une législation explicite en la matière?
- **Code de bonnes pratiques** : existe-t-il un code de bonnes pratiques pour la gestion des affaires publiques ?
- **Contrôle parlementaire** : l'Assemblée Nationale, exerce-t-elle un contrôle sur la gestion des finances publiques ?
- **Contrôle judiciaire** : la Cour des Comptes, exerce-t-elle un contrôle sur la gestion du comptable de l'Etat.
- **Inspections** : les inspections régulières des finances sont-elles effectuées?
- **Suivi des inspections** : les travaux et résultats des inspections sont-ils suivis d'effets : sanctions administratives, pénales, etc.

5. Efficacité et efficience

- **Cadre législatif efficient** de l'Administration dans le domaine des nominations : aux responsabilités : haute fonction publique, est-ce que ce cadre existe ?
- **Respect du cadre** : le cadre législatif, est-il respecté par les pouvoirs publics ?
- **Principe de permanence** : certaines fonctions, au sein de l'administration, constituent une permanence et une mémoire : DAF, SG, etc. La fonction de mémoire est-elle respectée ?
- **Motivation** : les cadres et agents, sont-ils motivés dans leurs tâches ? émulation, sanctions positives, salaires attrayants.
- **Formation continue** : existe-t-il un programme de stage et formation continue : est-il exécuté convenablement ?
- **Evaluation** : existe-t-il un système d'évaluation des agents de l'Administration ?
- **Sanctions** : les sanctions, sont-elles prises en cas de manquement ?
- **Capacité institutionnelle** : c'est la capacité de l'administration ou de toute autre institution à élaborer, mettre en œuvre et contrôler les politiques et programmes de développement avec efficience et efficacité.

6. Vision stratégique

- **Structure institutionnelle** : il s'agit d'une structure stratégique qui s'occupe des problèmes de prospective dans les différents domaines économiques, sociaux, etc.
- **Cadre juridique de la structure** : s'agit-il d'une institution établie et permanente ou d'une structure ad hoc.

- **Programme et prospective** : existe-t-il un programme stratégique de développement ?
- **Vision à long terme** : s'agit-il de programme à moyen terme, ou couvre-t-il une vision stratégique pour le long terme ?
- **Qualité de la stratégie** : il s'agit de la capacité des programmes à tenir compte des aspects essentiels : santé, éducation, hydraulique, lutte contre la pauvreté, etc.
- **Développement du secteur privé productif** : existe-t-il une politique efficiente de développement et d'incitation du secteur privé productif.
- **Lutte contre la pauvreté** : existe-t-il un programme efficient de lutte contre la pauvreté ?

7. Recherche du consensus

- **Capacité à réaliser le compromis** politique entre pouvoir et opposition.
- **Capacité à résoudre** les conflits institutionnels, en faisant l'économie des coups d'état.
- **Capacité à résoudre** dans le dialogue, les conflits économiques et sociaux.
- **Capacité à résoudre** assez vite et dans le dialogue, les conflits identitaires armés ou non.
- **Capacité à résoudre** les conflits liés à la gestion des Terroirs. Conflits agriculteurs/agriculteurs ou agriculteurs/éleveurs.
- **Capacité à résoudre** les conflits à caractères religieux.
- **Capacité à résoudre** les conflits liés aux questions des frontières, dans le consensus et le respect des lois.

8. Capacité d'ajustement

- **Capacité à accepter** d'un accord commun, un programme d'ajustement.
- **Capacité à réaliser le consensus** : société politique, société civile, sur le contenu des programmes d'ajustement.
- **Efficacité interne de l'ajustement** : capacité à mobiliser les ressources internes de manière efficace et efficiente.
- **Efficacité externe de l'ajustement** : capacité à mobiliser les ressources extérieures à partir de l'ajustement réalisé au plan interne.

9. Equité

- **Politique d'aménagement** du territoire efficace et efficiente, autour d'un contenu consensuel et d'une mise en œuvre équitable.
- **Accès à l'éducation** des populations à faible revenu.
- **Accès à la santé** des populations à faible revenu.
- **Accès à la justice** de l'ensemble des justiciables.
- **Accès à l'emploi** dans les domaines de l'administration et du secteur productif.
- **Accès à l'eau potable** des plus démunis.
- **Accès à la propriété** en milieu rural et urbain.

10. Composantes spécifiques

- **Culture de la paix et nouvelles dimensions de la sécurité**
- **Genre, développement durable et droits de la femme et de l'enfant**

- **Protection de l'environnement**
- **Lutte contre la corruption**
- **Liberté de la presse et démocratie**

EVALUATION DE LA GOUVERNANCE

Pour évaluer la gouvernance, on s'aidera de la grille d'analyse (page ...).

L'évaluation de la gouvernance procède de la prise en compte des composantes :

- Primauté des droits ;
- Participation ;
- Responsabilité ;
- Transparence ;
- Efficacité et efficience ;
- Vision stratégique ;
- Recherche du consensus ;
- Capacité d'ajustement ;
- Equité.

Composantes spécifiques.

Chacune des composantes comprend des aspects spécifiques de la gouvernance qu'il convient d'apprécier.

Ainsi, la "primauté du droit" comprend sept (7) indicateurs, et la "participation" en comprend quatre (4).

Les indicateurs retenus, s'ils sont représentatifs de la composante ne sont cependant pas exclusifs. Ils nous paraissent cependant les plus significatifs mais également les plus généraux relativement aux questions touchant à la gouvernance.

L'évaluation de chaque composante procède d'une notation systématique de chacun des indicateurs constitutifs de la composante : la notation va de 1 à 5 :

- le point 1 correspond à Très mauvais ;
- le point 2 correspond à Mauvais ;
- le pont 3 correspond à Assez bien ;
- le point 4 correspond à Bien ;
- le point 5 correspond à Très bien ;

Pour chaque indicateur, il s'agit de faire une croix dans la grille d'évaluation correspondant à l'appréciation que l'on se fait de la gouvernance sur ce domaine précis.

Exemple 1 : Considérons l'évaluation de la Primauté du droit

COMPOSANTE		INDICATEURS	EVALUATION				
			1	2	3	4	5
	1	- Elections				x	
PRIMAUTE DU DROIT	2	- Respect			x		
		Constitution et Lois			x		
	3	- Respect Séparation					
		des pouvoirs			x		
	4	- Efficacité de la			x		
	5	Justice			x		
	6	- Indépendance des					
		Juges				x	
	7	- Fonction de					
		contrôle de	0	8	15	22	29
		l'Assemblée	7	14	21	28	35
		Nationale					
		- Promotion et					
		Protection des droits					
		de l'homme					
		Sous-total I				23	

L'on comptabilise ainsi :

cinq (5) croix dans la case trois (3), soit 5 x 3 = 15 points
deux (2) croix dans la case quatre (4), soit 2 x 4 = 8 points
total ______
23 points

Le total étant de vingt trois (23), place la gouvernance en matière de primauté du droit, dans la case quatre (4) d'évaluation : c'est-à-dire : bonne gouvernance en matière de primauté du droit.

Exemple 2 : Considérons l'évaluation de la composante : Responsabilité et imputabilité

COMPOSANTE		INDICATEURS	EVALUATION				
			1	2	3	4	5
	12	- Critères de la Responsabilisation	x				
	13	- Evaluation de la Responsabilité		x			
RESPONSABILITE ET IMPUTABILITE					x		
	14	- Objectivité de l'évaluation				x	
	15	- Sanction administrative de la responsabilité					x
	16	- Sanction judiciaire et pénale de la responsabilité	0 5	6 10	11 15	16 20	21 25
Sous-total III					15		

Dans l'exemple cité, on relève :

une (1) croix dans la case un (1), soit 1 x 1 = 1 point

une (1) croix dans la case deux (2), soit 1 x 2 = 2 points

une (1) croix dans la case trois (3), soit 1 x 3 = 3 points

une (1) croix dans la case quatre (4), soit 1 x 4 = 4 points

une (1) croix dans la case cinq (5), soit 1 x 5 = 5 points

total ______

15 points

La note obtenue permet de souligner que la gouvernance en matière de responsabilité et imputabilité se situe au point trois (3), soit Assez bonne gouvernance en matière de responsabilité et imputabilité.

L'on procède ainsi pour chacune des composantes.

GRILLE D'ANALYSE ET D'EVALUATION DE LA GOUVERNANCE

GRILLE D'ANALYSE DE LA GOUVERNANCE

COMPOSANTES		INDICATEURS	EVALUATION				
			1	2	3	4	5
PRIMAUTE DU DROIT	1 2 3 4 5 6 7	- Elections - Respect Constitution et Lois - Respect Séparation des pouvoirs - Efficacité de la Justice - Indépendance des Juges - Fonction de contrôle de l'Assemblée Nationale - Promotion et Protection des droits de l'homme	0 7	14	21	28	35
		Sous-total I					
PARTICIPATION	8 9 1 0 1 1	- Décentralisation et Gouvernance locale - Qualité de la Gouvernance locale - Implication de la Société civile - Statut de l'opposition	0 4	8	12	16	20
		Sous-total II					

RESPONSABILITE ET IMPUTABILITE	12 13 14 15 16	- Critères de la Responsabilisation - Evaluation de la Responsabilité - Objectivité de l'évaluation - Sanction administrative de la responsabilité - Sanction judiciaire et pénale de la responsabilité	0 5	10	15	20	25
		Sous-total III					
			1	2	3	4	5
TRANSPARENCE	17 18 19 20 21 22	- Cadre législatif de la transparence - Code de Bonnes pratiques - Contrôle parlementaire - Contrôle judiciaire : Cour des Comptes - Inspections - Suivi des inspections	0 6	12	18	24	30
		Sous-total IV					

EFFICACITE ET EFFICIENCE	23 24 25 26 27 28 29 30	- Cadre législatif efficient de l'administration - Respect du cadre - Principe de permanence - Motivation - Formation continue - Evaluation - Sanction - Concilier tradition et modernité	0 8	16	24	32	40
		Sous-total V					
VISION STRATEGIQUE	31 32 33 34 35 36	- Structure institutionnelle - Cadre juridique de la structure - Programmes et prospective - Vision à long terme - Qualité de la stratégie - Développement du secteur productif - Lutte contre la pauvreté	0 7	14	21	28	35

	3 7						
		Sous-total VI					

			1	2	3	4	5
RECHERCHE DU CONSENSUS	38 39 40 41 42 43 44	- Capacité à réaliser les compromis politiques - Résolution conflits institutionnels - Résolution conflits économiques et sociaux - Résolution conflits identitaires - Résolution conflits liés à la gestion des terroirs - Résolution conflits à caractère religieux - Résolution conflits liés aux frontières	0 7	14	21	28	35
		Sous-total VII					
CAPACITE D'AJUSTEMENT	45 46 47 48	- Capacité à accepter et élaborer un cadre d'ajustement - Capacité à réaliser le consensus autour du contenu de l'ajustement - Efficacité interne de l'ajustement - Efficacité externe de l'ajustement	0 4	8	12	16	20
		Sous-total VIII					

EQUITE	49 50 51 52 53 54 55	- Politique efficiente d'aménagement du territoire - Accès à l'éducation - Accès à la santé - Accès à la justice - Accès à l'emploi - Accès à l'eau potable - Accès à la propriété	0 7	14	21	28	35
		Sous-total IX					
COMPOSANTES SPECIFIQUES	56 57 58 59 60	- Culture de la paix et nouvelles dimensions de la sécurité - Genre, développement durable et droits de la femme et de l'enfant - Protection de l'environnement - Lutte contre la corruption - Libertés de la presse et démocratie	0 5	6 10	11 15	16 20	21 25
		Sous-total X					
TOTAL GENERAL							

Principes de notation

- *1 : Très mauvais*
- *2 : Mauvais*
- *3 : Assez bien*
- *4 : Bien*
- *5 : Très bien*

COMPOSANTES	NOTATION 1	2	3	4	5
PRIMAUTE DU DROIT	0 à 7	8 à 14	15 à 21	22 à 28	29 à 35
PARTICIPATION	0 à 4	5 à 8	9 à 12	13 à 16	17 à 20
RESPONSABILITE et IMPUTABILITE	0 à 5	6 à 10	11 à 15	16 à 20	21 à 25
TRANSPARENCE	0 à 6	7 à 12	13 à 18	19 à 24	25 à 30
EFFICACITE et EFFICIENCE	0 à 8	9 à 16	17 à 24	25 à 32	33 à 40
VISION STRATEGIQUE	0 à 7	8 à 14	15 à 21	22 à 28	29 à 35
RECHERCHE DU CONSENSUS	0 à 7	8 à 14	15 à 21	22 à 28	29 à 35
CAPACITE D'AJUSTEMENT	0 à 4	5 à 8	9 à 12	13 à 16	17 à 20
EQUITE	0 à 7	8 à 14	15 à 21	22 à 28	29 à 35
COMPOSANTES SPECIFIQUES	0 à 5	6 à 10	11 à 15	16 à 20	21 à 25

COMPOSANTES	INDICATEURS				
	1	2	3	4	5
PRIMAUTE DU DROIT					
PARTICIPATION					
RESPONSABILITE					
TRANSPARENCE					
EFFICACITE ET EFFICIENCE					
VISION STRATEGIQUE					

RECHERCHE DU CONSENSUS					
CAPACITE D'AJUSTEMENT					
EQUITE					
COMPOSANTES SPECIFIQUES					
TOTAL					

DONNEES DE BASE POUR L'EVALUATION DE LA GOUVERNANCE

PRIMAUTE DU DROIT, LEGALITE ET LEGITIMITE

1. Elections : Il s'agit des élections présidentielles, législatives et/ou locales : l'appréciation doit prendre en compte :

- le cadre législatif fixant les conditions dans lesquelles les élections doivent se dérouler : Constitution – Charte des partis politiques – Code électoral.
- le cadre institutionnel : qui organise les élections ? Y a t-il un consensus sur l'institution : ministère de l'intérieur, commission électorale indépendante ?
- les conditions d'organisation des élections :
    - *les listes électorales : y a t-il un consensus sur cette question ?*
    - *la campagne électorale : est-elle organisée dans la transparence et l'équité ?*
    - *participation de tous les partis engagés au contrôle des élections ?*
    - *observateurs nationaux du scrutin ;*

- *observateurs internationaux du scrutin ;*
- *liberté de participation au scrutin ; (absence de menace)*
- *transparence du processus jusqu'au dépouillement.*

- les conditions de proclamation des résultats : le verdict des urnes est-il respecté ? Les institutions sont-elles légitimes ?
- la situation post-électorale : le verdict est-il accepté par les deux parties ou non ?

INDICATEURS	SOUS-INDICATEURS				
	Cadre législatif	Cadre institutionnel	Conditions d'organisation	Proclamation	Post élection
Election	1	1	1	1	1
Total					

2. Respect de la Constitution et des lois

Il s'agit d'évaluer le respect de la constitution et des lois par chacun des acteurs, qui sont :

- les pouvoirs publics ;
- l'administration et ses auxiliaires ;
- les citoyens.

INDICATEURS	SOUS-INDICATEURS		
	Pouvoirs publics	Administration	Citoyens
Constitution	1	0,5	1
Lois et règlements	1	0,5	1
Total			

3. Respect du principe de séparation des pouvoirs

D'une manière générale, une bonne démocratie ne prône pas la séparation rigide des pouvoirs, mais une séparation reposant sur un principe essentiel : la collaboration, dans le respect des prérogatives des uns et des autres.

INDICATEURS	SOUS-INDICATEURS	
	Pouvoir législatif	Pouvoir judiciaire
Pouvoir exécutif	2	3
Total		

Le respect du principe de séparation entre exécutif et judiciaire est noté sur trois (3) points, car une justice indépendante des pouvoirs publics est un gage essentiel de la démocratie.

4. Efficacité des juges

C'est la capacité de traiter les dossiers avec célérité au niveau des juridictions.

INDICATEURS	SOUS- INDICATEURS		
	Première Instance	Cour d'appel	Cour de cassation
Efficacité et efficience	2	2	1
Total			

5. Indépendance des juges

Les juges font-ils preuve d'indépendance vis-à-vis :

- des pouvoirs publics ;
- des forces de l'argent ;

- de la hiérarchie judiciaire.

INDICATEURS	SOUS-INDICATEURS		
	Pouvoirs publics	Forces de l'argent	Hiérarchie
Indépendance des magistrats	2	2	1
Total			

L'on reconnaît d'une manière générale que c'est moins la hiérarchie judiciaire que les pouvoirs publics et les forces de l'argent qui tentent soit d'influencer, soit de corrompre les juges. C'est pourquoi, ces deux (2) aspects sont notés chacun sur deux points.

6. Fonction de contrôle de l'Assemblée Nationale

Un des rôles de l'Assemblée Nationale consiste dans le contrôle effectif de l'action gouvernementale au service et bénéfice de l'intérêt général. Ce contrôle s'exerce de plusieurs manières :

- l'interpellation ;
- les commissions d'enquête parlementaire ;
- la motion de censure selon les cas, et
- la Haute de Cour de Justice.

INDICATEURS	SOUS-INDICATEURS			
	Interpellation	Commission d'enquête	Motion de censure	Haute Cour de Justice
Contrôle	2	1	1	1
Total				

Certaines Constitutions n'ont pas prévu de motion de censure. D'autres, ne permettent pas de juger les actes posés par les responsables de l'exécutif dans l'exercice de ses fonctions.

S'il n'existe pas de motion de censure, le point 1 vient s'ajouter à la Commission d'enquête.

S'il n'existe pas de Haute Cour de Justice, également.

7. Promotion et protection des droits de l'Homme

Prend en compte :

- le cadre législatif : instruments juridiques universels de protection et promotion des droits de l'Homme ;
- l'existence d'une Commission Nationale Indépendante ;
- L'existence d'une société civile active dans le domaine ;
- La liberté d'opinion ;
- La lutte contre les discriminations.

INDICATEURS	SOUS-INDICATEURS				
	Instruments juridiques	Commission nationale ind.	Société civile active	Liberté d'opinion	Lutte contre les discriminations
Droits de la personne humaine	1	1	1	1	1
Total					

D'autres aspects des droits humains, notamment la liberté de presse et l'aspect genre et droits de l'enfant, sont pris en compte dans la composante dix (10).

PARTICIPATION

8. Décentralisation et gouvernance locale

Il s'agit de prendre en compte :

- le consensus sur le cadre juridique et institutionnel de la décentralisation ;
- la transparence du scrutin ;
- la formation des élus locaux.

INDICATEURS	SOUS-INDICATEURS		
	Cadre juridique et institutionnel	Transparence du scrutin	Formation des élus
Décentralisation Et Gouvernance locale	2	2	1
Total			

9.Qualité de la gouvernance

Il s'agit de tenir compte des aspects suivants :

- installation effective des Conseils ;
- fonctionnement effectif et régulier des Conseils ;
- transparence de la gestion locale ;
- implication des populations dans la gestion.

INDICATEURS	SOUS-INDICATEURS			
	Installation des Conseils	Fonctionnement effectif	Transparence de la gestion	Implication des populations
Qualité de Gouvernance	1	1	2	1
Total				

La bonne gouvernance reposant sur un principe essentiel : « éviter en décentralisant, de décentraliser la mauvaise gouvernance » - la transparence de la gestion recouvre ici le chiffre 2.

10. Implication de la société civile

La société civile (syndicats, associations, ONGs de développement, secteur productif et toutes les autres structures organisées), est-elle associée à l'élaboration, la formulation et l'exécution des politiques et programmes.

INDICATEURS	SOUS-INDICATEURS				
	Associations	syndicats	ONGs de développement	Secteur productif	Autres
Implication	1	1	1	1	1
Total					

11. Statut de l'opposition

Seront pris en compte :

- l'existence d'un cadre juridique fixant le statut de l'opposition ;
- la qualité du cadre en ce qu'il confère des droits à l'opposition ;
- le respect des droits de l'opposition ;
- l'opposition est-elle une force de proposition ?
- dans la pratique, l'opposition joue-t-elle réellement le jeu de l'alternance ?

INDICATEURS	SOUS-INDICATEURS				
	Cadre juridique	Qualité du cadre	Respect des droits de l'opposition	Force de proposition	Acceptation de l'alternance
Statut de l'opposition	1	1	1	1	1
Total					

RESPONSABILITE ET IMPUTABILITE

12. Critères de responsabilisation

Seront évalués :

- l'existence de textes de lois équitables concernant les nominations et les affectations à tous les niveaux ;
- le respect des textes existants ;
- la neutralité des nominations aux postes techniques.

INDICATEURS	SOUS-INDICATEURS		
	Cadre législatif	Respect des textes	Neutralité
Critères de responsabilisation	2	2	1
Total			

13. Evaluation de la responsabilité

- Les responsables sont-ils évalués ?
- Existe-t-il des textes à cet effet ?
- Existe-t-il un cahier de charge ou l'obligation de résultat est clairement stipulée ?

- Périodicité de l'évaluation.

INDICATEURS	SOUS-INDICATEURS			
	Cadre législatif	Efficacité de l'évaluation	Périodicité de l'évaluation	Cahier de charge et obligation redditionnelle
Evaluation de la responsabilité	1	1	1	2
Total				

Il est important que chaque responsable soit soumis à des obligations de résultat. Pour ce faire, un cahier de charges est indispensable, ainsi que l'obligation redditionnelle.

14. Objectivité de l'évaluation

- Le cadre institutionnel de l'évaluation, est-il prévu par les textes ?
- Le cadre est-il efficient ?
- Existe-t-il des voies de recours ?

INDICATEURS	SOUS-INDICATEURS		
	Cadre institutionnel	Efficacité et objectivité du cadre	Recours
Objectivité de l'évaluation	2	2	1
Total			

15. Sanction administrative de la responsabilité

- Le dispositif réglementaire de la sanction existe-t-il ?
- Ce dispositif est-il efficient ?
- Ce dispositif est-il appliqué ?

INDICATEURS	SOUS-INDICATEURS		
	Cadre réglementaire	Application du cadre	Efficience et objectivité de la sanction
Sanction administrative	2	2	1
Total			

16. Sanction judiciaire de la responsabilité

- Les manquements et indélicatesses des agents font-elles l'objet de poursuites judiciaires systématiques ?
- Les dossiers aboutissent-ils à des sanctions judiciaires et pénales lorsque la faute est établie ?
- Existe-t-il des voies de recours à la suite des inspections avant transmission des dossiers aux tribunaux ?

INDICATEURS	SOUS-INDICATEURS		
	Poursuites judiciaires systématique	Sanctions judiciaires et pénales	Recours avant transmission
Sanctions judiciaires	2	2	1
Total			

TRANSPARENCE ET SANCTIONS

17. Cadre législatif de la transparence

- Existe-t-il un cadre législatif en la matière ?
- Existe-t-il des textes régissant la circulation de l'information ?
- Ces textes sont-ils appliqués ?

INDICATEURS	SOUS-INDICATEURS		
	Cadre législatif	Information	Application des lois et règlements
Cadre législatif de la transparence	2	1	2
Total			

18. Code de bonnes pratiques dans la gestion des ressources publiques

- Certaines institutions (telles que l'UEMOA) ont élaboré et préconisé un code de bonnes pratiques dans la gestion des finances publiques. Existe-t-il un Code de bonnes pratiques ?
- Un tel code est-il respecté en pratique ?
- Y a t-il sanction dans les cas de manquement ?

INDICATEURS	SOUS-INDICATEURS		
	Code de bonnes pratiques	Application du Code	Sanction en cas de manquement
Code de bonnes pratiques	2	2	1
Total			

19. Contrôle parlementaire

- L'Assemblée Nationale exerce-t-elle un contrôle sur la gestion des finances publiques ?
- Ce contrôle est-il publié ?
- Y a-t-il sanction en cas de manquement ?

INDICATEURS	SOUS-INDICATEURS		
	Contrôle de la gestion financière	**Publicatio n**	**Sanction de la gestion**
Contrôle parlementaire	**2**	**1**	**2**
Total			

20. Contrôle judiciaire

- La Chambre des Comptes ou Cour des Comptes, exerce-t-elle le contrôle judiciaire de la gestion des finances publiques ?
- Des suites sont-elles réservées à des cas de manquements ?
- Les rapports de la Cour des Comptes sont-ils rendus publics ?

INDICATEURS	SOUS-INDICATEURS		
	Contrôle judiciaire	**Suite des contrôles**	**Publication des rapports**
Contrôle judiciaire	**2**	**2**	**1**
Total			

21. Inspections

- Les inspections de la gestion financière des administrations, collectivités sociétés d'Etat et d'économie mixte, sont-elles régies par des textes ?
- Ces inspections sont-elles régulièrement conduites ?
- Lorsqu'il y a mutation, affectation, remplacement, des inspections sont-elles conduites avant la prise de fonction des nouveaux responsables ?

INDICATEURS	SOUS-INDICATEURS		
	Cadre législatif des inspections	**Régularité des inspections**	**Inspections avant prise de service**
Inspections	2	2	1
Total			

22. Suivi des inspections

- Les inspections, sont-elles suivies de sanction administrative lorsque ces dernières sont justifiées ?
- Les inspections sont-elles suivies de sanctions judiciaires et pénales lorsqu'elles sont justifiées ?
- Des voies de recours existent-elles ?

INDICATEURS	SOUS-INDICATEURS		
	Sanctions administratives	**Sanctions judiciaires et pénales**	**Recours**
Suivi des inspections	2	2	1
Total			

EFFICACITE ET EFFICIENCE

23. Cadre législatif efficient

- L'Administration, dispose-t-elle d'un cadre législatif pour les nominations aux hautes fonctions de l'Etat et de l'Administration ?
- Ce cadre est-il efficient ?

INDICATEURS	**SOUS-INDICATEURS**	
	Cadre législatif	**Efficience du cadre**
Cadre législatif	**3**	**2**
Total		

24. Respect du cadre

- Ce cadre législatif, est-il respecté par les pouvoirs publics ?
- Ce cadre consacre-t-il la neutralité de l'Administration ?

INDICATEURS	**SOUS-INDICATEURS**	
	Respect du cadre	**Neutralité du cadre**
Respect du cadre	**3**	**2**
Total		

25. Principe de permanence

Certaines fonctions au sein de l'appareil d'Etat constituent des permanences, des mémoires de l'Administration :

- ce principe de permanence est-il régi par des dispositions juridiques ?
- ces dispositions, si elles existent, sont-elles respectées ? Si elles n'existent pas, un effort est-il réalisé pour les consacrer ?

INDICATEURS	SOUS-INDICATEURS	
	Cadre législatif	**Respect des dispositions**
Principe de permanence	3	2
Total		

26. Motivation

Elle est consacrée par :

- la possibilité pour les agents de prendre des initiatives ;
- l'émulation par la sanction positive des actions ;
- les salaires sont-ils attrayants ?

INDICATEURS	SOUS-INDICATEURS		
	Initiative	**Sanction positive**	**Salaires attrayants**
Motivation	1	2	2
Total			

27. Formation continue

- Les agents des administrations, bénéficient-ils d'une formation continue et de stages ?
- L'accès à la formation est-il fait dans la transparence ?
- L'accès à la formation, est-il réalisé dans le respect des priorités définies pour le développement économique et social ?

INDICATEURS	SOUS-INDICATEURS		
	Programme de formation	**Transparence dans l'accès à la formation**	**Prise en compte des besoins de développement de l'Etat**
Accès à la formation	**2**	**1**	**2**
Total			

28. Evaluation

- L'ensemble des agents des administrations sont-ils évalués ?
- L'évaluation repose-t-elle sur des critères objectifs ?
- Ceux qui évaluent, sont-ils compétents ?
- Existe-t-il des voies de recours ?

INDICATEURS	SOUS-INDICATEURS			
	Exécution de l'évaluation	**Objectivité de l'évaluation**	**Structure compétente**	**Recours**
Evaluation	**2**	**1**	**1**	**1**
Total				

29. Sanctions

- Les sanctions sont-elles proposées suite aux évaluations ?
- Les sanctions proposées, sont-elles exécutées ?
- Les recours existent-ils dans l'application des sanctions ?

INDICATEURS	SOUS-INDICATEURS		
	Sanctions proposées	**Sanctions exécutées**	**recours**
Sanctions	**2**	**2**	**1**
Total			

30. Concilier tradition et modernité

- Un effort, est-il conduit pour mettre la tradition positive au service de la modernité ?
- Une réflexion est-elle conduite pour spécifier l'ensemble des aspects de la tradition positive ?

INDICATEURS	SOUS-INDICATEURS	
	Capacité institutionnelle	**Faible capacité institutionnelle**
Capacité institutionnelle	**5**	**0**
Total		

VISION STRATEGIQUE

31. Structure institutionnelle

Il s'agit d'une structure d'analyse et de prospective dans le domaine du développement économique et social :

- Cadre institutionnel de la structure : la structure existe-t-elle
- Cadre d'exercice de la structure : est-elle formelle ou informelle ?

INDICATEURS	**SOUS-INDICATEURS**	
	Cadre institutionnel	**Cadre d'exercice**
Structure institutionnelle	3	2
Total		

32. Cadre juridique de la structure

- La structure d'analyse et de prospective en matière de développement économique et social, est-elle permanente ou s'agit-il d'une structure temporaire ?

INDICATEURS	**SOUS-INDICATEURS**	
	Permanente	**ad hoc**
Cadre juridique de la structure	4	1
Total		

33. Programme et prospective

- Existe-t-il un programme stratégique de développement ?
- Ce programme est-il cohérent et efficient ?

INDICATEURS	SOUS-INDICATEURS	
	Programme stratégique	**Cohérence et efficience du programme**
Programme et prospective	3	2
Total		

34. Vision à long terme

- S'agit d'un programme stratégique à moyen terme ?
- Ce programme couvre-t-il une vision stratégique à long terme ?
- Ce programme fait-il l'objet d'un consensus de la classe politique ?

INDICATEURS	SOUS-INDICATEURS		
	Terme du programme		**Consensus**
	Long terme	Moyen terme	
Vision à long terme	3	1	2
Total			

35. Qualité de la stratégie

- S'agit-il d'une stratégie globale ou sectorielle ?
- Cette stratégie tient-elle compte des exigences extérieures ?
- Cette stratégie s'inscrit-elle dans le cadre de la dynamique de globalisation et des contingences régionales et sous-régionales.

INDICATEURS	SOUS-INDICATEURS		
	Générale ou sectorielle	**Environnement extérieur**	**Intégration sous régionale et/ou régionale**
Qualité de la stratégie	Générale Sectorielle 3 1	1	1
Total			

36. Développement du secteur privé productif

- Existe-t-il une politique d'incitation et de développement du secteur privé ;
- Existe-t-il une structure d'encadrement du secteur privé ?
- La politique dans ce domaine, est-elle efficiente ?

INDICATEURS	SOUS-INDICATEURS		
	Politique d'incitation	**Structure d'encadrement**	**Efficience**
Secteur privé	2	2	1
Total			

37. Lutte contre la pauvreté

- L'Etat dispose-t-il d'une politique et d'un programme en la matière ?
- Ce programme réunit-il les financements nécessaires ?
- Ce programme est-il mis en œuvre

INDICATEURS	SOUS-INDICATEURS		
	Politiques et programmes	**Financement du programme**	**Exécution du programme**
Lutte contre la pauvreté	2	2	1
Total			

RECHERCHE DU CONSENSUS

38. Capacité à réaliser les compromis politiques

Le pouvoir et l'opposition, arrivent-ils à réaliser le compromis sur :

- les questions politiques et institutionnelles ;
- les réformes économiques et sociales ;
- la sauvegarde de la démocratie et des droits de l'homme.

INDICATEURS	SOUS-INDICATEURS		
	Questions politiques et institutionnelles	**Réformes économiques et sociales**	**Sauvegarde de la démocratie**
Compromis	2	2	1
Total			

39. Capacité à résoudre les conflits institutionnels

- Existe-t-il un cadre institutionnel de résolution de tels conflits. Si non, les conflits institutionnels trouvent-ils des solutions positives dans un cadre informel ;
- Ce cadre est-il efficient dans la résolution de ces conflits.

INDICATEURS	SOUS-INDICATEURS	
	Cadre institutionnel	**Efficience dans la résolution des conflits institutionnels**
Conflits institutionnels	**oui** **non** **2** **0**	3
Total		

40. Capacité à résoudre par le dialogue les conflits économiques et sociaux

- Existe-t-il un cadre institutionnel pour la résolution de tels conflits ;
- Ce cadre est-il opérationnel et efficient dans la résolution des conflits économiques et sociaux .

INDICATEURS	SOUS-INDICATEURS	
	Cadre institutionnel	**Efficacité dans la résolution des conflits économiques et sociaux**
Conflits économiques et sociaux	2	3
Total		

41. Capacité à résoudre les conflits identitaires

- Existe-t-il un cadre institutionnel pour la gestion de tels conflits ?
- Si oui, ce cadre est-il efficient.

INDICATEURS	SOUS-INDICATEURS	
	Cadre Institutionnel	**Efficience dans la résolution**
Conflits identitaires	2	3

42. Capacité à résoudre les conflits liés à la gestion des terroirs

- Existe-t-il un cadre institutionnel de prévention, gestion et résolution des conflits, liés à la gestion des terroirs ;
- Ce cadre est-il efficient ?

INDICATEURS	SOUS-INDICATEURS	
	Cadre institutionnel	Efficience dans la résolution
Conflits liés aux terroirs	2	3
Total		

43. Capacité à résoudre les conflits à caractère religieux

- Existe-t-il un cadre institutionnel chargé de gérer les conflits à caractère religieux ;
- Ce cadre agit-il en terme de prévention des conflits, ou bien seulement de règlement des conflits ?

INDICATEURS	SOUS-INDICATEURS	
	Cadre institutionnel	Prévention et gestion
Conflits religieux	2	3
Total		

44. Capacité à résoudre les conflits liés aux questions des frontières

- Existe-t-il un cadre institutionnel chargé de gérer de tels dossiers ?
- Toutes les frontières, sont-elles matérialisées dans le cadre d'accords communs avec les pays voisins ?

INDICATEURS	SOUS-INDICATEURS		
	Cadre institutionnel	Matérialisation des frontières	Efficience
Conflits liés aux frontières	1	2	2
Total			

CAPACITE D'AJUSTEMENT

45. Consensus autour d'un programme d'ajustement au sein de la classe politique

- Existe-t-il un programme d'ajustement des politiques économiques et financières ?
- Ce programme a-t-il fait l'objet d'un consensus de la classe politique ?

INDICATEURS	SOUS-INDICATEURS	
	Programme	Consensus
Consensus en matière d'ajustement	3	2
Total		

46. Consensus société civile / société politique sur le programme d'ajustement

- Existe-t-il un programme d'ajustement des politiques économiques et financières ?
- Ce programme a-t-il fait l'objet d'un consensus entre pouvoirs publics et société civile (syndicats, associations, etc.) ?

INDICATEURS	SOUS-INDICATEURS	
	Programme	**Consensus**
Consensus société civile	**3**	**2**
Total		

47. Efficacité interne de l'ajustement

- Il s'agit de la capacité de mobiliser des ressources internes ;
- Il s'agit également de l'utilisation rationnelle, transparente et au service du développement, des ressources mobilisées.

INDICATEURS	SOUS-INDICATEURS	
	Capacité de mobilisation	**Utilisation des ressources**
Efficacité interne de l'ajustement	**3**	**2**
Total		

48. Efficacité externe de l'ajustement

- Il s'agit de la capacité de mobiliser des ressources extérieures à partir des efforts intérieurs ;
- Il s'agit de l'utilisation efficiente, transparente et au bénéfice du développement des ressources mobilisées.

INDICATEURS	SOUS-INDICATEURS	
	Capacité de mobilisation	Utilisation des ressources
Efficacité externe de l'ajustement	3	2
Total		

EQUITE

49. Politique d'aménagement du territoire

- Une telle politique existe-t-elle ?
- Si oui, permet-elle le développement équilibré des régions ?
- Cette politique, prend-elle en compte l'impératif d'équité ?

INDICATEURS	SOUS-INDICATEURS		
	Politique	Souci d'équilibre	Souci d'équité
Aménagement du territoire	2	1	2
Total			

50. Accès à l'éducation

Il s'agit de tenir compte du taux brut de scolarisation.

	0 à 30 %	31 à 60%	Plus de 60%
Taux de scolarisation	0	1	4
Total			

51. Accès à la santé

Il faut prendre en compte le taux de couverture, dans l'accès aux soins de santé.

	0 à 30 %	31 à 60%	Plus de 60%
Accès à la santé	0	1	4
Total			

52. Accès à la justice

Il faut tenir compte de la notion de proximité de la justice, et en particulier, la déconcentration des juridictions.

INDICATEURS	SOUS-INDICATEURS	
	Déconcentration tribunaux 1ère Instance	Déconcentration tribunaux administratifs
Accès à la justice	3	2
Total		

53. Accès à l'emploi

Il faut prendre en compte le taux de chômage.

	Moins de 10 %	Moins de 20% et plus de 10%	Plus de 20%
Accès à l'emploi	4	1	0
Total			

54. Accès à l'eau potable

Il faut prendre en compte le pourcentage de personnes ayant accès à l'eau potable.

	0 à 30 %	30% à 60%	60% à 100%
Accès à l'eau potable	0	1	4
Total			

55. Accès à la propriété

Il faut prendre en compte le pourcentage de personnes disposant d'une maison personnelle.

	0 à 30%	31 à 60%	60 à 100%
Accès à la propriété	0	1	4
Total			

COMPOSANTES SPECIFIQUES

56. Culture de la paix et nouvelles dimensions de sécurité

- Institution de maintien de la paix, de l'unité et de solidarité nationale ;
- Institution de collecte des armes légères ;
- Armée et démocratie ;
- Institution de sécurité publique.

INDICATEURS	SOUS-INDICATEURS				
	Mécanisme de gestion des conflits	Institution de maintien de la paix	Institution de collecte des armes légères	Armée et démocratie	Institutions de sécurité publique
Culture de la paix et sécurité	1	1	1	1	1
Total					

57. Genre, développement durable et droits de la femme et de l'enfant

- Scolarisation de la jeune fille ;
- Accès à l'emploi de la femme ;
- Convention sur la non discrimination à l'égard des femmes ;
- Accès aux hautes fonctions politiques et administratives ;
- Droits de l'enfant.

INDICATEURS	SOUS-INDICATEURS				
	Scolarisation de la jeune fille	Accès à l'emploi de la femme	Loi sur la non discrimination	Accès aux hautes fonctions politiques et administratives	Droits de l'enfant
Genre, développement durable-droits de la femme et de l'enfant	1	1	1	1	1
Total					

58. Protection de l'environnement

- Programme de protection de l'environnement ;
- Mise en œuvre du programme.

INDICATEURS	SOUS-INDICATEURS		
	Programme de protection de l'environnement	Mise en œuvre du programme	Suivi du programme
Protection de l'environnement	2	2	1
Total			

59. Lutte contre la corruption

- Structure institutionnelle de lutte contre la corruption ;
- Lois contre la corruption ;
- Loi sur l'enrichissement illicite ;
- Mise en œuvre des dispositions de lutte contre la corruption.

INDICATEURS	SOUS-INDICATEURS			
	Structure institutionnelle	Lois contre la corruption	Loi sur l'enrichissement illicite	Mise en œuvre des lois
Lutte contre la corruption	1	1	1	2
Total				

60. Liberté de la presse et démocratie

- Cadre juridique fixant la liberté de la presse ;
- Qualité du cadre ;
- Qualité de la production ;
- Respect de la liberté d'opinion et de presse ;
- Renforcement de la démocratie par la presse.
- Concilier tradition et modernité

INDICATEURS	SOUS-INDICATEURS				
	Cadre juridique de la liberté	Concilier tradition et modernité	Qualité des productions de presse	Respect de la liberté de la presse	Renforcement de la démocratie
Liberté de la presse et démocratie	1	1	1	1	1
Total					

Avertissement : la notation des sous-indicateurs est soumise à l'utilisation d'une grille de codification. Pour tout renseignement complémentaire, prière s'adresser à l'auteur : e-mail : i_yenikoye@yahoo.fr

10

TABLEAUX D'ANALYSE DE LA GOUVERNANCE

PRIMAUTE DU DROIT, LEGALITE ET LEGITIMITE

	INDICATEURS		SOUS-INDICATEURS					TOTAL
1	ELECTIONS		Cadre législatif	Cadre institutionnel	Conditions d'organisation	Proclamation	Post élection	
			1	1	1	1	1	
2	CONSTITUTION, LOIS ET REGLEMENTS		Pouvoirs publics	Administration	citoyens			
			1	0,5	1			
			1	0,5	1			
3	SEPARATION DES POUVOIRS	Pouvoir exécutif	Pouvoir législatif	Pouvoir judiciaire				
			2	3				
4	EFFICACITE DE LA JUSTICE	Efficacité	Première Instance	Cour d'appel	Cassation			
			2	2	1			
5	INDEPENDANCE DES JUGES	Indépendance des juges	Pouvoir exécutif	Forces de l'argent	Hiérarchie judiciaire			
			2	2	1			
6	FONCTION DE CONTROLE DE L'ASSEMBLEE	Contrôle	Interpellation	Commission d'enquête	Haute Cour de Justice	Motion de censure		
			2	1	1	1		
7	PROMOTION ET PROTECTION DES DROITS DE L'HOMME	Droits de la personne humaine	Instruments juridiques	Commission Nationale	Société civile active	Liberté d'opinion	Lutte contre la discrimination	
			1	1	1	1	1	
TOTAL GENERAL								

PARTICIPATION

	INDICATEURS	SOUS-INDICATEURS					TOTAL
8	DECENTRALISATION ET GOUVERNANCE LOCALE	Cadre juridique et institutionnel	Transparence du scrutin	Formation des élus			
		2	2	1			
9	QUALITE DE LA GOUVERNANCE	Installation des Conseils	Fonctionnement effectif	Transparence de la gestion	Implication des populations		
		1	1	1	1		
10	IMPLICATION	Associations	Syndicats	ONGs de développement	Secteur productif	Autres	
		1	1	1	1	1	
11	STATUT DE L'OPPOSITION	Cadre juridique	Qualité du cadre	Respect droit de l'opposition	Force de proposition	Acceptation de l'alternance	
		1	1	1	1	1	

TOTAL GENERAL	

RESPONSABILITE ET IMPUTABILITE

	INDICATEURS	SOUS-INDICATEURS				TOTAL
12	CRITERES DE RESPONSABILISATION	Cadre législatif	Respect des textes	Neutralité		
		2	2	1		
13	EVALUATION DE LA RESPONSABILITE	Cadre juridique	Effectivité de l'évaluation	Périodicité de l'évaluation	Cahier de charges et obligation redditionnelle	
		1	1	1	2	
14	OBJECTIVITE DE L'EVALUATION	Cadre institutionnel	Effectivité et objectivité du cadre	Recours		
		2	2	1		
15	SANCTIONS ADMINISTRATIVES	Cadre juridique de la sanction	Application des dispositions	Efficience et objectivité de la sanction		
		2	2	1		
16	SANCTIONS JUDICIAIRES	Poursuites judiciaires systématiques	Sanctions judiciaires et pénales	Recours avant transmission aux tribunaux		
		2	2	1		
	TOTAL GENERAL					

TRANSPARENCE

	INDICATEURS	SOUS-INDICATEURS						TOTAL
17	CADRE LEGISLATIF DE LA TRANSPARENCE	Cadre législatif		Cadre institutionnel		Diffusion de l'information		
		1		1		3		
18	CODE DE BONNES PRATIQUES	Code de bonnes pratiques		Application du code		Sanction en cas de manquement		
		2		2		1		
19	CONTROLE PARLEMENTAIRE	Contrôle de la gestion financière		Publication		Sanction de la gestion		
		2		1		2		
20	CONTROLE JUDICIAIRE	Controle judiciaire		Suite des contrôles		Publication des rapports		
		2		2		1		
21	INSPECTIONS	Cadre législatif		Régularité		Inspection systématique avant prise de service		
		2		2		1		
22	SUIVI DES INSPECTIONS	Sanctions administratives		Sanctions judiciaires et pénales		Recours		
		2		2		1		

TOTAL GENERAL	

EFFICACITE ET EFFICIENCE

	INDICATEURS	SOUS-INDICATEURS				TOTAL
23	CADRE LEGISLATIF EFFICIENT	Cadre législatif	Efficience du cadre			
		3	2			
24	RESPECT DU CADRE	Respect du cadre	Neutralité du cadre			
		3	2			
25	PRINCIPE DE PERMANENCE	Cadre législatif	Respect des dispositions			
		3	2			
26	MOTIVATION	Initiative	Sanction positive	Salaires attrayants		
		1	2	2		
27	FORMATION CONTINUE	Programme de formation	Transparence et équité	Prise en compte des besoins de développement		
		2	1	2		
28	EVALUATION	Exécution de l'évaluation	Objectivité de l'évaluation	Structure compétente	Recours	
		2	1	1	1	
29	SANCTION	Sanctions proposées	Sanctions exécutées	Recours		
		2	2	1		
30	CAPACITE INSTITUTIONNELLE	Capacité institutionnelle	Faible capacité			
		5	0			
TOTAL GENERAL						

VISION STRATEGIQUE

	INDICATEURS	SOUS-INDICATEURS						TOTAL
31	STRUCTURE INSTITUTIONNELLE	Cadre institutionnel	3	Cadre législatif	2			
32	CADRE JURIDIQUE DE LA STRUCTURE	Structure permanente	4	Structure ad hoc	1			
33	PROGRAMMES ET PROSPECTIVE	Programme stratégique	3	Cohérence et efficience du programme	2			
34	VISION A LONG TERME	Terme du programme Long terme Moyen terme	3	Consensus	2			
35	QUALITE DE LA STRATEGIE	Générale ou sectorielle	3	Prise en compte de l'environnement international	1	Préoccupation d'intégration régionale et sous régionale	1	
36	DEVELOPPEMENT DU SECTEUR PRODUCTIF	Incitation	2	Structure d'encadrement	2	Efficience	1	
37	LUTTE CONTRE LA PAUVRETE	Politiques et programmes	2	Financement des programmes	2	Exécution des programmes	1	
TOTAL GENERAL								

RECHERCHE DU CONSENSUS

	INDICATEURS	SOUS-INDICATEURS			TOTAL
38	CAPACITE A REALISER LE COMPROMIS POLITIQUE	Questions politiques	Réformes économiques et sociales	Sauvegarde de la démocratie	
		2	2	1	
39	RESOLUTION DES CONFLITS INSTITUTIONNELS	Cadre institutionnel de résolution des conflits	Efficience dans la résolution des conflits		
		2	3		
40	RESOLUTION DES CONFLITS ECONOMIQUES ET SOCIAUX	Cadre institutionnel de résolution des conflits	Efficience dans la résolution des conflits		
		2	3		
41	CONFLITS IDENTITAIRES PROBLEME DES MINORITES	Cadre institutionnel de gestion et résolution des conflits	Efficience dans la résolution des conflits		
		2	3		
42	CONFLITS LIES AUX TERROIRS	Cadre institutionnel de gestion des conflits	Efficience dans la résolution des conflits		
		2	3		
43	CONFLITS RELIGIEUX	Cadre institutionnel de gestion des conflits	Efficience dans la gestion et la prevention des conflits		
		2	3		
44	CONFLITS LIES AUX FRONTIERES	Cadre institutionnel de gestion des conflits	Matérialisation des frontières	Efficience dans la résolution	
		1	2	2	

TOTAL GENERAL

CAPACITE D'AJUSTEMENT

	INDICATEURS	SOUS-INDICATEURS				TOTAL
45	CONSENSUS PROGRAMME D'AJUSTEMENT	Programme		Consensus		
		3		2		
46	CONSENSUS SOCIETE POLITIQUE/SOCIETE CIVILE	Programme		Consensus		
		3		2		
47	EFFICACITE INTERNE	Capacité de mobilisation		Utilisation efficiente des ressources		
		3		2		
48	EFFICACITE EXTERNE	Capacité de mobilisation		Utilisation efficiente des ressources		
		3		2		

TOTAL GENERAL

EQUITE

	INDICATEURS	SOUS-INDICATEURS			TOTAL
49	AMENAGEMENT DU TERRITOIRE	Politiques et programmes	Souci d'équilibre	Souci d'équité	
		2	1	2	
50	ACCES A L'EDUCATION	0 à 30 %	31 à 60%	Plus de 60%	
		0	1	4	
51	ACCES A LA SANTE	0 à 30 %	31 à 60%	Plus de 60%	
		0	1	4	
52	ACCES A LA JUSTICE	Déconcentration tribunaux de 1ère Instance	Déconcentration tribunaux administratifs		
		3	2		
53	ACCES A L'EMPLOI	Taux de chômage inférieur à 10%	Taux de chômage compris entre 11 et 20%	Taux de chômage supérieur à 20%	
		4	1	0	
54	ACCES A L'EAU POTABLE	0 à 30%	31 à 60%	Plus de 60%	
		0	1	4	
55	ACCES A LA PROPRIETE	0 à 30%	31 à 60%	Plus de 60%	
		0	1	4	
TOTAL GENERAL					

COMPOSANTES SPECIFIQUES

	INDICATEURS	SOUS-INDICATEURS					TOTAL
56	CULTURE DE LA PAIX ET SECURITE	Mecanisme de gestion des conflits	Institution de maintien de la paix	Institution de collecte des armes légères	Armee et democratie	Institution de securite publique	
		1	1	1	1	1	
57	GENRE, DEVELOPPEMENT DURABLE-DROITS DE LA FEMME ET DE L'ENFANT	Scolarisation de la jeune fille	Accès à l'emploi de la femme	Loi sur la non discrimination	Accès aux hautes fonctions politiques et administratives	Droits de l'enfant	
		1	1	1	1	1	
58	PROTECTION DE L'ENVIRONNEMENT	Programme de protection de l'environnement	Mise en œuvre du programme	Suivi du programme			
		2	2	1			
59	LUTTE CONTRE LA CORRUPTION	Structure institutionnelle	Lois contre la corruption	Loi sur l'enrichissement illicite	Mise en œuvre des lois		
		1	1	1	2		
60	LIBERTE DE LA PRESSE ET DEMOCRATIE	Cadre juridique de la liberté	Concilier tradition et modernité	Qualité des productions de presse	Respect de la liberté de la presse	Renforcement de la démocratie	
		1		1	1	1	

TOTAL GENERAL

11

COMMENT MESURER L'INDICE DE BONNE GOUVERNANCE

EXEMPLE D'EVALUATION DE LA GOUVERNANCE
GRILLE D'ANALYSE DE LA GOUVERNANCE

COMPOSANTES		INDICATEURS	EVALUATION				
			1	2	3	4	5
PRIMAUTE DU DROIT, LEGALITE ET LEGITIMITE	1	- Elections				x	
	2	- Respect Constitution et Lois			x		
	3	- Respect Séparation des pouvoirs			x		
	4	- Efficacité de la Justice			x		
	5	- Indépendance des Juges			x		
	6	- Fonction de contrôle de l'Assemblée Nationale			x		
	7	- Promotion et Protection des droits de l'homme				x	
					21		
			0 7	14		28	35
Sous-total I	23	Bonne Gouvernance				23	

	8	- Décentralisation et Gouvernance locale			x		
PARTICIPATION ET	9	- Qualité de la Gouvernance locale					
IMPUTABILITE	10	- Implication de la Société civile			x		
	11	- Statut de l'opposition		x			
					x		
			0 4	8	12	16	20
Sous-total II	**11**	Assez Bonne Gouvernance			**11**		
	12	- Critères de la Responsabilisation				x	
	13	- Evaluation de la Responsabilité	X				
	14	- Objectivité de l'évaluation			x		
RESPONSABILITE	15	- Sanction administrative de la responsabilité	X				
ET	16	- Sanction judiciaire et pénale de la responsabilité					
IMPUTABILITE			X				
			0 5	10	15	20	25
Sous-total III	**10**	Mauvaise gouvernance		**10**			

			1	2	3	4	5
	17	- Cadre législatif de la transparence			x		
	18	- Code de Bonnes pratiques	x				
	19	- Contrôle parlementaire	x				
TRANSPARENCE	20	- Contrôle judiciaire : Cour des Comptes	x				
	21	- Inspections			x		
	22	- Suivi des inspections	x				
			0 6	12	18	24	30
Sous-total IV	**10**	Mauvaise Gouvernance		**10**			
	23	- Cadre législatif efficient de l'administration				x	
	24	- Respect du cadre					
	25	- Principe de permanence	x				

EFFICACITE	**26**	- Motivation	x				
ET	**27**	- Formation continue	x				
EFFICIENCE	**28**	- Evaluation			x		
	29	- Sanction			x		
	30	- Concilier tradition et modernité	x		x		
			0 8	16	24	32	40
Sous-total V	**17**	Assez bonne gouvernance			**17**		
	31	- Structure institutionnelle				x	
	32	- Cadre juridique de la structure				x	
	33	- Programmes et prospective				x	
VISION	**34**	- Vision à long terme				x	
STRATEGIQUE	**35**	- Qualité de la stratégie				x	
	36	- Développement du secteur productif		x			
						28	

	37	- Lutte contre la pauvreté	x				
			0 7	14	21		35
Sous-total VI	**23**	Bonne vision				**23**	

			1	2	3	4	5
RECHERCHE DU CONSENSUS	38	- Capacité à réaliser les compromis politiques	x				
	39	- Résolution conflits institutionnels					
	40	- Résolution conflits économiques et sociaux		x			
	41	- Résolution conflits identitaires		x			
	42	- Résolution conflits liés à la gestion des terroirs					x
	43	- Résolution conflits à caractère religieux			x		
	44	- Résolution conflits liés aux frontières					
					x		
						x	
			0 7	14	21	28	35

Sous-total VII	20	**Assez Bonne Gouvernance**			20		
CAPACITE D'AJUSTEMENT	45	- Capacité à accepter et élaborer un cadre d'ajustement			x		
	46	- Capacité à réaliser le consensus autour du contenu de l'ajustement	x				
	47	- Efficacité interne de l'ajustement			x		
	48	- Efficacité externe de l'ajustement			x		
			0 4	8	12	16	20
Sous-total VIII	10	**Assez Bonne Gouvernance**			10		
EQUITE	49	- Politique efficiente d'aménagement du territoire		x			
	50	- Accès à l'éducation					
	51	- Accès à la santé		x			
	52	- Accès à la justice		x			
	53	- Accès à l'emploi		x			
	54	- Accès à l'eau potable		x			

	55	- Accès à la propriété		x	x		
			0 7	14	21	28	35
Sous-total IX	**15**	**Assez Bonne gouvernance**			**15**		
COMPOSANTES SPECIFIQUES	**56**	- Culture de la paix et nouvelles dimensions de la sécurité			**X**		
	57	- Genre, développement durable et droits de la femme et de l'enfant		x			
	58	- Protection de l'environnement		x			
	59	- Lutte contre la corruption	x				
	60	- Libertés de la presse et démocratie				x	
			0 5	**6 10**	**11 15**	**16 20**	**21 25**
Sous-total X	**10**	Mauvaise Gouvernance					
TOTAL GENERAL				**10**			

A l'issue de cette évaluation, on peut établir le tableau suivant :

TABLEAU RECAPITULATIF

COMPOSANTES	.NOTATION DES INDICATEURS					OBSERVATIONS
	1	2	3	4	5	
PRIMAUTE DU DROIT, LEGALITE ET LEGITIMITE				23		Bonne
PARTICIPATION			11			Assez bonne
RESPONSABILITE ET IMPUTABILITE		10				Mauvaise
TRANSPARENCE		10				Mauvaise

EFFICACITE ET EFFICIENCE			17			Assez Bonne
VISION STRATEGIQUE				23		Bonne
RECHERCHE DU CONSENSUS			20			Assez bonne
CAPACITE D'AJUSTEMENT			10			Assez bonne
EQUITE			15			Assez bonne

COMPOSANTES SPECIFIQUES		10				Mauvaise
TOTAL GENERAL 149/300						

12

CALCUL DE L'INDICE DE BONNE GOUVERNANCE

CALCUL DE L'INDICE DE BONNE GOUVERNANCE : IBG

Pour calculer l'IBG, il faut :

a) Prendre la valeur des sous-indicateurs par indicateur et composante.
b) Chaque indicateur d'une composante donnée est déterminé par la somme des valeurs des sous-indicateurs de cet indicateur.
c) Pour obtenir la valeur de la composante, on additionne les valeurs des indicateurs affectés chacun du coefficient de son niveau d'évaluation.

L'Indice de Bonne Gouvernance IBG est obetnu selon la formule suivante :

$$IBG_S = \frac{\sum \square \text{ des valeurs des composantes}}{\sum \text{Maximun théorique des valeurs des composantes}} \times 100$$

Il s'agit, ici, de l'Indice Synthétique de Bonne Gouvernan-ce ou IBG_S qui prend en compte l'ensemble des compo-santes. Dans le cas cité plus haut l'IBG = 149/300 x 100 = 49,66.

En se référant au tableau théorique définissant les différents niveaux de Bonne Gouvernance donnés ci-après :

IBG_S			
Niveau	Limite inférieure	Limite supérieure	Observations
1	0	20	Très Mauvais
2	21	40	Mauvais
3	41	60	Assez Bien
4	61	80	Bien
5	81	100	Très Bien

On situe l'exemple au niveau 3 correspondant à une « Assez Bonne « Gouvernance.

Il est également recommandé, pour les besoins d'une analyse plus fine de l'indice d'apprécier les niveaux par composante.

On mesure ainsi l'indice de Bonne Gouvernance pour chacune des composantes ou Indice de Bonne Gouvernance Déterminant IBG_D .

Il se calcule selon la formule :

$$IBG_D = \frac{\sum \text{ des valeurs des sous-indicateurs}}{\sum \square \text{Maximun théorique des valeurs des sous-indicateurs}} \text{ X } 100$$

Dans le cadre de la Composante « PRIMAUTE DU DROIT » de l'exemple cité plus haut , l'IBG_D est égal à : 18/35 x 100 = 49,92. En se référant au tableau thérique définissant les niveaux de Bonne Gouvernance par composante, donné ci-après :

$IBGD_D$			
Niveau	Limite inférieure	Limite supérieure	Observations
1	0	20	Très Mauvais
2	21	40	Mauvais
3	41	60	Assez Bien
4	61	80	Bien
5	81	100	Très Bien

On situe la Gouvernance au niveau 3 correspondant à une « Assez Bonne » Gouvernance en matière de Primauté du Droit.
On procède de la même manière pour chacune des 10 composantes définies de la Gouvernance.

Avertissement : Il est également possible d'affiner l'analyse du modèle mathématique IBG, proposé dans le présent document, par une pondération différenciée des différentes composantes.

Dans l'exemple ci-après on peut conduire l'analyse suivante de la Gouvernance :

GRILLE D'ANALYSE DE LA GOUVERNANCE PAR COMPOSANTE

COMPOSANTES		INDICATEURS	EVALUATION				
			1	2	3	4	5
PRIMAUTE DU DROIT, LEGALITE ET LEGITIMITE	1	- Elections				x	
	2	- Respect Constitution et Lois		x			
	3	- Respect Séparation des pouvoirs		x			
	4	- Efficacité de la Justice		x			
	5	- Indépendance des Juges			x		
	6	- Fonction de contrôle de l'Assemblée Nationale		x			
	7	- Promotion et Protection des droits de l'homme			x		
			0 7	14	21	28	35
Sous-total I	**18**	**Assez Bonne Gouvernance**			**18**		
PARTICIPATION ET IMPUTABILITE	8	- Décentralisation et Gouvernance locale			x		
	9	- Qualité de la Gouvernance locale			x		
	10	- Implication de la Société civile			x		
	11	- Statut de l'opposition				x	
			0 4	8	12	16	20
Sous-total II	**13**	**Bonne Gouvernance**				**13**	
RESPONSABILITE ET IMPUTABILITE	12	- Critères de la Responsabilisation				x	
	13	- Evaluation de la Responsabilité			x		
	14	- Objectivité de l'évaluation			x		
	15	- Sanction administrative de la responsabilité		x			
	16	- Sanction judiciaire et pénale de la responsabilité		x			
			0 5	10	15	20	25
Sous-total III	**14**	**Assez Bonne Gouvernance**			**14**		

TRANSPARENCE			1	2	3	4	5
	17	- Cadre législatif de la transparence				x	
	18	- Code de Bonnes pratiques		x			
	19	- Contrôle parlementaire		x			
	20	- Contrôle judiciaire : Cour des Comptes		x			
	21	- Inspections				x	
	22	- Suivi des inspections		x			
			0 6	12	18	24	30
Sous-total IV	16	**Assez Bonne Gouvernance**			16		
EFFICACITE ET EFFICIENCE	23	- Cadre législatif efficient de l'administration			x		
		- Respect du cadre		x			
	24	- Principe de permanence		x			
	25	- Motivation	x				
	26	- Formation continue		x			
	27	- Evaluation			x		
	28	- Sanction	x				
	29	- Concilier tradition et modernité			x		
	30		0 8	16	24	32	40
Sous-total V	17	**Assez bonne gouvernance**			17		
VISION STRATEGIQUE	31	- Structure institutionnelle				x	
	32	- Cadre juridique de la structure				x	
	33	- Programmes et prospective				x	
		- Vision à long terme			x		
	34	- Qualité de la stratégie			x		
	35	- Développement du secteur productif		x			
	36	- Lutte contre la pauvreté		x			
	37		0 7	14	21	28	35
Sous-total VI	24	**Bonne Gouvernance**				22	

			1	2	3	4	5
RECHERCHE DU CONSENSUS	38	- Capacité à réaliser les compromis			x		
		politiques					
	39	- Résolution conflits institutionnels			x		
		- Résolution conflits économiques			x		
	40	et sociaux				x	
		- Résolution conflits identitaires		x			
	41	- Résolution conflits liés à la gestion					
		des terroirs		x			
	42	- Résolution conflits à caractère				x	
		religieux	0 7	14	21	28	35
	43	- Résolution conflits liés aux					
		frontières					
	44						
Sous-total VII	21	**Assez Bonne Gouvernance**			21		
CAPACITE D'AJUSTEMENT	45	- Capacité à accepter et élaborer un		x			
		cadre d'ajustement					
		- Capacité à réaliser le consensus		x			
	46	autour du contenu de l'ajustement					
		- Efficacité interne de l'ajustement			x		
		- Efficacité externe de l'ajustement			x		
	47		0 4	8	12	16	20
	48						
Sous-total VIII	10	**Assez Bonne Gouvernance**			10		
EQUITE	49	- Politique efficiente			x		
		d'aménagement du territoire					
	50	- Accès à l'éducation	x				
	51	- Accès à la santé	x				
	52	- Accès à la justice		x			
	53	- Accès à l'emploi		x			
	54	- Accès à l'eau potable	x				
	55	- Accès à la propriété		x			
			0 7	14	21	28	35
Sous-total IX	**13**	**Mauvaise gouvernance**		13			
COMPOSANTES SPECIFIQUES	56	- Culture de la paix et nouvelles dimensions de la sécurité		x			
	57	- Genre, développement durable et		x			
		droits de la femme et de l'enfant					
	58	- Protection de l'environnement			x		
	59	- Lutte contre la corruption			x		
	60	- Libertés de la presse et démocratie		x			
			0 5	6 10	11 15	16 20	21 25
Sous-total X	**12**	Assez Bonne Gouvernance			12		
		TOTAL GENERAL			156		300

TABLEAU RECAPITULATIF

Composantes	IBG_D	Niveau	Observations
PRIMAUTE DU DROIT	51,42	3	Assez Bonne
PARTICIPATION	65,00	4	Bonne
RESPONSABILITE ET IMPUTABILITE	56,00	3	Assez Bonne
TRANSPARENCE	53,33	3	Assez Bonne
EFFICACITE ET EFFICIENCE	42,50	3	Assez Bonne
VISION STRATEGIQUE	62,85	4	Bonne
RECHERCHE DU CONSENSUS	60,00	3	Assez Bonne
CAPACITE D'AJUSTEMENT	50,00	3	Assez Bonne
EQUITE	37,14	2	Mauvais
COMPOSANTES SPECIFIQUES	48,00	3	Assez Bonne
IGB_S	**52,00**	**3**	**Assez Bonne**

Enfin, à l'intérieur de l'IBG_S et de l'IBG_D, il est possible d'affiner l'appréciation de l'indice selon que ce dernier est plus proche de limite inférieure, de la moyenne ou de la limite supérieure.

13

LES RELATIONS IBG : INDICATEUR DE BONNE GOUVERNANCE, IDH : INDICATEUR DU DEVELOPPEMENT HUMAIN

LES RELATIONS IBG / IDH :

Ainsi conçu, l'IBG ambitionne de rendre compte du développement humain pris dans sa globalité.

Ce premier modèle d'analyse et de quantification de la gouvernance vise à affiner et compléter l'analyse du développement humain telle que proposée par l'IDH.

L'IDH apparaît comme une composante de l'IBG, ainsi illustrée par la figure suivante:

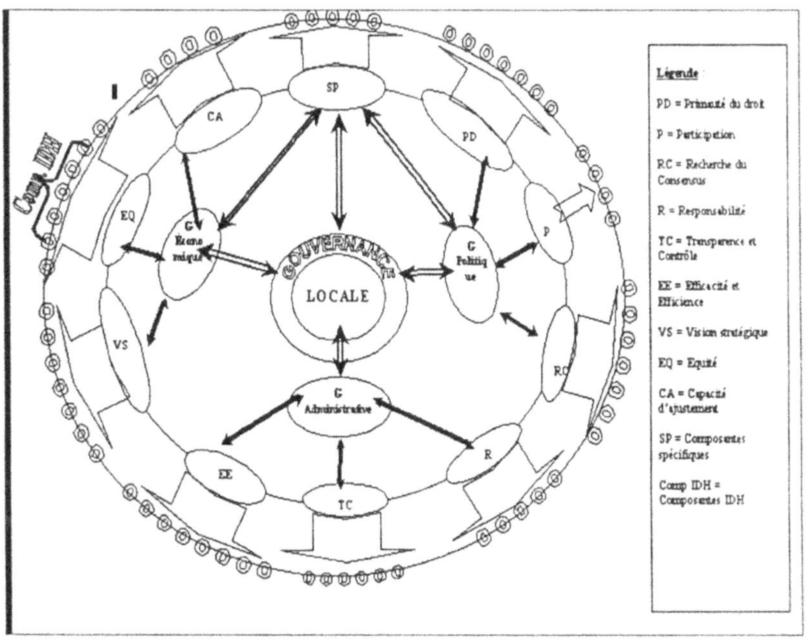

Comme on le voit, les composantes essentielles de l'IDH se retrouvent dans les domaines de la gouvernance économique et renvoient à la composante équité pour l'accès à l'éducation ou encore l'espérance de vie à la naissance.

L'IBG couvre au total 60 indicateurs du développement humain et quantifie 180 sous indicateurs de la gouvernance : politique, économique, administrative, culturelle, locale, sécuritaire, sociale etc,

L'IBG est donc une composante de l'IBG.

L'IBG est donc une composante de l'IBG.

L'IBG est un modèle global du développement qui vise à appréhender l'homme dans les différentes dimensions qui affectent son existence et son devenir. C'est pourquoi, à la différence d'un modèle statique du développement humain, L'IBG ou IDHD est un modèle diagnostic, exhaustif et dynamique du développement humain.

14

MODELE IBG : INDICATEUR DE BONNE GOUVERNANCE = IDHD : INDICATEUR DU DEVELOPPEMENT HUMAIN DURABLE

LE MODELE IBG = IDHD : INDICATEUR DU DEVELOPPEMENT HUMAIN DURABLE

La figure en page 145 illustre bien que l'IBG est un modèle global d'analyse et de mesure du développement humain en terme de performance de gouvernance.

Le progiciel conçu permet en effet de quantifier quinze valeurs de la gouvernance :

- -les quatre domaines,
- -les dix composantes
- -la valeur de la gouvernance synthétique.

L'indicateur de la gouvernance, ou indicateur de bonne gouvernance vise donc le développement humain dans sa totalité, pour un diagnostic heuristique en matière de développement humain.

Ce diagnostic doit permettre la mise en œuvre d'actions correctrices dans l'ensemble des aspects constitutifs du développement humain. D'un tel point de vue, le modèle IBG en permettant la correction des déficits de gouvernance pour de meilleures performances du développement humain, peut contribuer à assurer un développement humain durable

L'Indicateur de bonne gouvernance est donc un instrument privilégié pour accélérer le développement humain et promouvoir le développement humain durable, D H D.

15

INTERET ET PORTEE DE LA MESURE DE L'IDHD

INTERET ET PORTEE DE LA MESURE DE L'IDHD :

La mesure de l'IBG ou IDHD peut s'avérer d'une grande utilité car elle peut permettre :

-aux dirigeants des états de déceler les insuffisances en matière de gouvernance en vue de les corriger,

-aux citoyens : partis politiques, syndicats, associations, partenaires, organisations non gouvernementales, d'apprécier qualitativement et quantitativement les méthodes de gouvernance, et de forger de opinions nationales, sur des bases objectives,

-aux institutions internes et externes, de mieux cibler leur action en matière de soutien à la gouvernance,

-d 'apprécier l'évolution de la gouvernance dans le temps et dans l'espace,

-d' affiner et de compléter l'analyse et la mesure de l'indicateur du développement humain IDH.

L'analyse et la quantification du développement humain global, c'est à dire la gestion économique, politique, administrative, sociale et culturelles, constitue une voie privilégiée de lutte contre la sous développement, car à la lumière des faiblesses relevées, il peut être possible de corriger bien de trajectoires en vue du développement humain durable.

Au total, l'analyse et la quantification de la gouvernance constituent un défi scientifique majeur, afin de réduire tant soit peu, la fracture économique, sociale et numérique qui s'élargit chaque année d'avantage entre le nord et le sud.

C'est cette préoccupation qui nous a conduit à :

-formuler une théorie de la gouvernance à travers le modèle IBG et son système de quantification : voir "Gouvernance et développement humain durable";

-proposer un modèle structural du fonctionnement de la gouvernance : voir "Bonne gouvernance, un défi majeur pour l'humanité ",

-formuler une méthode d'analyse et de quantification de la gouvernance : voir " Comment analyser la gouvernance; Comment mesurer l'indicateur de bonne gouvernance IBG ".

-formuler le concept d 'indicateur du développement humain durable : IDHD à travers le présent ouvrage;

-reformuler le concept de "gouvernance" et suggérer une théorie de la gouvernance fondée sur les concepts de "gouvernométrie" et de "gouvernologie" : voir "Gouvernance et gouvernométrie".

Nous définissons la gouvernométrie comme la méthode d'application de la mesure aux modes de gouvernance. La gouvernométrie est la méthode de mesure de l'exercice de l'autorité politique, administrative, sociale, culturelle et économique, dans ses dimensions internes et externes. Elle est une méthode de quantification de la gestion des affaires d'un pays à tous les niveaux.

La gouvernométrie vise, par l'utilisation des procédés de la gouvernotechnique, à quantifier la gouvernance, conçue comme résultant de l'action des pouvoirs publics, des partenaires internes et externes.

Nous définissons la gouvernologie comme la science ou l'étude de la gouvernance, conçue comme mode quantifiable de gouvernement, en vue du développement humain durable.

Le concept de gouvernologie est donc formulé à partir des termes logos = science, étude, discours, et gouvernance = mode de gouvernement.

La gouvernologie a pour objet l'étude des institutions de la gouvernance dans les résultats de leur commune interaction, en terme de gestion et de gouvernance. Elle procède de l'analyse et de la quantification des domaines et des composantes de la gouvernance, et vise le développement humain durable.

La gouvernologie considère la gouvernance comme objet de science, analyse et quantifie le développement humain et place l'homme au début et à la fin de tout processus de développement.

Les perspectives humaines et scientifiques offertes par le modèle IDHD peuvent être considérées comme fondamentales.

La gouvernance ayant une incidence directe et permanente sur l'être et le devenir de plus de six milliards d'humains à travers notre planète, l'étude expérimentale de ses différentes dimen-sions et manifestations en vue d'un développement durable pour chaque humain de notre commune humanité, un formidable pari scientifique en ce début de troisième millénaire où sur une population de 4,6 milliards d'habitants des pays en développement, plus de 850 millions sont analphabètes, près d'un milliard n'ont pas accès à des points d'eau aménagés, 2,4 milliards manquent d'infrastructures sanitaires élémentaires etc.

Au total, la mesure de l'IDH ne doit pas consister, ainsi qu'on le relève de nos jours, à travers la publication des rapports annuels PNUD, comme une fin en soi. Elle doit au contraire être un moyen puissant de lutte contre la pauvreté et la misère, les maladies et l'insécurité, pour un monde plus fraternel et plus solidaire, pour un monde de justice et d'égalité des chances, pour un monde inter humaniste (voir du même auteur : "la Fracture Mondiale"). La mesure de l'indicateur du développement humain, durable, IDHD, en affinant et complétant la mesure de l'IDH, voudrait modestement contribuer à ce noble objectif.

L'HARMATTAN, ITALIA
Via Degli Artisti 15 ; 10124 Torino

L'HARMATTAN HONGRIE
Könyvesbolt ; Kossuth L. u. 14-16
1053 Budapest

L'HARMATTAN BURKINA FASO
Rue 15.167 Route du Pô Patte d'oie
12 BP 226
Ouagadougou 12
(00226) 50 37 54 36

ESPACE L'HARMATTAN KINSHASA
Faculté des Sciences Sociales,
Politiques et Administratives
BP243, KIN XI ; Université de Kinshasa

L'HARMATTAN GUINÉE
Almamya Rue KA 028
En face du restaurant le cèdre
OKB agency BP 3470 Conakry
(00224) 60 20 85 08
harmattanguinee@yahoo.fr

L'HARMATTAN CÔTE D'IVOIRE
M. Etien N'dah Ahmon
Résidence Karl / cité des arts
Abidjan-Cocody 03 BP 1588 Abidjan 03
(00225) 05 77 87 31

L'HARMATTAN MAURITANIE
Espace El Kettab du livre francophone
N° 472 avenue Palais des Congrès
BP 316 Nouakchott
(00222) 63 25 980

L'HARMATTAN CAMEROUN
BP 11486
Yaoundé
(00237) 458 67 00
(00237) 976 61 66
harmattancam@yahoo.fr

www.ingramcontent.com/pod-product-compliance
Lightning Source LLC
LaVergne TN
LVHW021221061026
849535LV00008B/2859
* 9 7 8 2 2 9 6 0 4 1 2 7 1 *